文苑漫步
——大学语言文学教育论集

WENYUAN MANBU

DAXUE YUYAN WENXUE JIAOYU LUNJI

吴伟凡　李培涛　◎　主编

首都经济贸易大学出版社

Capital University of Economics and Business Press

·北京·

图书在版编目(CIP)数据

文苑漫步:大学语言文学教育论集/吴伟凡,李培涛主编. —北京:首都经济贸易大学出版社,2016.8

ISBN 978 - 7 - 5638 - 2506 - 6

Ⅰ.①文⋯ Ⅱ.①吴⋯②李⋯ Ⅲ.①语言学—教学研究—高等学校—文集 Ⅳ.①H0 - 53

中国版本图书馆 CIP 数据核字(2016)第 096081 号

文苑漫步——大学语言文学教育论集

吴伟凡　李培涛　主编

责任编辑	景　东	
封面设计	孙雨扬	
出版发行	首都经济贸易大学出版社	
地　　址	北京市朝阳区红庙(邮编100026)	
电　　话	(010)65976483　65065761　65071505(传真)	
网　　址	http://www.sjmcb.com	
E - mail	publish@cueb.edu.cn	
经　　销	全国新华书店	
照　　排	首都经济贸易大学出版社激光照排服务部	
印　　刷	北京京华虎彩印刷有限公司印刷	
开　　本	710 毫米 × 1000 毫米　1/16	
字　　数	168 千字	
印　　张	10	
版　　次	2016 年 8 月第 1 版　2016 年 8 月第 1 次印刷	
书　　号	ISBN 978 - 7 - 5638 - 2506 - 6/H·175	
定　　价	27.00 元	

序　言

　　语文是一门古老又年轻的学科。在中华民族数千年的发展历程中,逐渐形成了以汉语为民族共同语的局面,汉语文成为承载民族文明、积淀民族历史、历练民族智慧、颐养民族休息的重要信息系统,也是中华民族植根壮大、凝聚心神的厚重土壤。大学阶段的汉语言文学教育是在深层进行的确认文化身份、成就文化沟通、巩固文化认同、培育民族精神进而培育国家栋梁的教育。

　　未来的发展中,需要我们的青年中产生各种各样高素质的专门人才,不仅有科学家、工程技术专家、企业家,还要有在各类国际组织、国际舞台上发挥作用的政治家、活动家。他们既要能站在世界科学技术的前沿,又要能深深扎根在人文学科的文化土壤里。因此,继续重视和真正确立语文学科在高等教育中的基础地位十分重要。在教育改革与时俱进的新时期,如何继续发挥语文学科在综合科学研究中的整合和渗透功能,实现21世纪所赋予的"扮演好教育角色"的历史使命,这是语文教育与语文教学将继续思考的任务。

　　本书作者以首都经济贸易大学文化与传播学院汉语言文学系从事语言、文化与文学教学的教师为主。教师们占据各自的专业领域,在传统或现代的语文大平台上,以育人为目的,以育才为动力,从不同维度参与学术研究传达教学心得,这是我们的使命和快乐。本论文集既有微观作品的品赏分析,也有宏观理论问题的探寻论证。感谢学校学院领导的关怀与支持,感谢老师与文化作者们的智慧奉献。

　　子曰:"仁以为己任,不亦重乎? 死而后已,不亦远乎?"愿我们永远共勉。

编　者

2016 年 5 月 1 日

目　录

上编　奇文共欣赏

下编　疑义相与析

上编　奇文共欣赏

从儒文化视角看《红楼梦》宝玉之诔在守正中的出奇

首都经济贸易大学文化与传播学院　吴伟凡

洋洋洒洒几千言的《芙蓉女儿诔》见于《红楼梦》第七十八回,是贾宝玉祭奠丫鬟晴雯时创作的一篇诔文。从儒家文化的视角审视此小说中的美文,我们会感受到作者的文化理念在守旧与出奇的平衡与倾斜中充满强劲的创造力与思想力。

一、作意出奇

诔文属于中国传统文化中祭悼死者的特殊文体。"诔",从言,未声,累列死者生时行迹,生者读之以为作谥,相当于今天的悼词。生死问题,是人类一切文化都无法回避并必须回答的问题。中国以儒家文化为主体的传统文化不仅对此有系列的理论观点,也有自己的特殊实践。儒家文化虽然重生轻死(鬼神),但因视婚丧嫁娶为现实人生的系列,所以对死亡及其文化习俗十分重视。这也出于儒家天地和谐理念与现实实践理性的要求。首先,儒家和谐观认为"天地人,万物之本也",天人合一是个体追求的终极目标,人生时受惠于天地,死后回归于天地,这是理所当然。丧葬文化成为一种独特的追求天地人和谐的民族文化。其次,作为中国传统文化核心的儒家思想尤其重视以德化人,即所谓的礼乐教化与王道理想在社会影响中的作用。丧葬作为民族文化习俗的重要部分,在儒家文化仪式中有着不可替代的社会意义,所谓"慎终,追远,民德归厚矣"。丧葬礼仪不但为生者提供了一个可以寄托、缅怀、纪念逝者的场所,同时呈现了以德化人的在场表演。古代伦常观念中十分重视上下尊卑,"诔"的特色是只能用作"上对下""尊对卑",而示己伤悼之情。所以宝玉为晴雯作诔,是在守正。然而,作为尊者,对"卑微"的丫头晴雯实是不必作诔的,但出于情感的需要,宝玉在尊重社会礼仪框架的习俗中最终既突破了框架,又表达了突破框架的出奇情感。

作者在诔文中表现出鲜明的爱憎态度,对这个"心比天高,身为下贱,风流灵巧招人怨"的边缘人没有丝毫轻视和怠慢,而是满腔赞颂,把她奉为神灵和尊者,歌颂其美貌聪明,肯定其价值意义,使人性的温暖在奴婢身上复苏,使神性的光辉在底层人群显现,在平等、公正的人性期待中给予人们超前的启迪与惊心夺魄的力量。

同时,对封建家长主持下的恶的势力对人性和生命的无端摧残表达了强烈的憎恶,对诗书礼仪之家的伪饰与残忍表达了由衷的惊诧与痛恨。

私有制在唐、宋达到封建社会的高峰,至清朝,则既掀开了最后时刻的鼎盛篇章,也开始了物极必反的自我否定。随着阶级对立的日趋严重,专制与暴虐成了统治者的唯一选择。相对于整个社会的专制与暴虐,《红楼梦》中的贾府,似为独树一帜的斯文之邦,一派歌舞升平、温良敦厚之景。在这相对宽厚的环境里,晴雯不愿离开,袭人、司棋、金钏等也不愿离开。"太太要打骂,只管发落,别叫我出去就是天恩了。"(第三十回金钏语)然而,奴婢们不知,相对温情的面纱一旦被揭起,则是阶级对立的现实与礼仪持家的压迫。不仅如此,在贾府冠冕堂皇的内里,整个家族已经腐朽堕落,濒临衰亡解体的边缘。万千农民的血汗奉养的主子们恰是一群游手好闲的寄生虫。"生齿日繁,事务日盛,主仆上下,安富尊荣者尽多,运筹谋画者无一。"(第二回)从上到下人心惶惶,下人们亦在等级制的相互倾轧中层层相压、苟且度日。他们虽然没有直面"立毙杖下"的残忍,公然大骂主子的焦大也只是被捆起来塞一嘴马粪,却仍在软硬夹缝中迎受着晴雯等一条条生命的残破。宝玉在件件血泪的事实面前深刻感受到现实的冷酷与冷峻。"钳诐奴之口,讨岂从宽;剖悍妇之心,忿犹未释!"愤慨之心借晴雯之死充溢笔端、高昂激烈。

二、情感出奇

全文第一段写做诔的时间地点及原因,是诔文之序。后从"女儿曩生之昔"始以无比珍贵和歌颂的口吻叙死者生平之品格与事迹。"噫!女儿曩生之昔,其为质则金玉不足喻其贵;其为性则冰雪不足喻其洁;其为神则星日不足喻其精;其为貌则花月不足喻其色。"先正写其"娴娴"与"惠德",后以群恶对其的打击、排挤反照其出类拔萃之高洁、美好与被摧残之委屈、凋零。

接写自己与她一起生活的温馨回忆与无限哀思:"眉黛烟青,昨犹我画;指环玉冷,今倩谁温?"再写对其怀恨死去的无比惋惜与怀念之情:"连天衰草,岂独蒹葭;匝地悲声,无非蟋蟀。""红绡帐里,公子情深;黄土垄中,女儿命薄。"宝玉对晴雯之情特殊而深切,与对黛玉的感情同中有异,在面对同样灵魂的时刻,他写来直率大胆而毫无忌讳。

再写听闻上帝垂旌,晴雯死后管辖芙蓉,自己认为很有道理的原因,并为成为芙蓉花神的晴雯做楚风招魂歌——天地如此之苍茫宽阔啊,神灵驾驭着鸾凤、披拂着香草,穿过高云,期待畅通,使风神赶车,追寻恍惚所盼。我心忧伤而活,你却安然长卧……

最后一段写我的想象与祭悼:在别样世界,你寂静而安处,有众神陪伴左右,神物也彰显着无尽的灵气。那神仙居住的地方烟雾缭绕、若隐若现,清澄无尘,星月朗照,令我无限怅惘,涕泪哀伤……

此诔表达了宝玉对晴雯深挚亲密的感情和怀念。宝玉之所以因人而诔,不只是由于晴雯眉眼像黛玉,长相出奇好,主要的原因应是晴雯鲜活泼辣、冰雪聪明,照顾宝玉的起居生活五年多,与宝玉结下了深厚的情谊。她不像袭人那样婆婆妈妈,与封建家长如出一辙地劝阻宝玉走仕途经济之路,却和林妹妹一样挂心宝玉内在的喜怒哀乐,一幅天真率性的品格,其中,"撕扇子作千金一笑"就是十分经典的个性故事。正是她的出色与脱俗,才被王善保家的诬陷,使王夫人主观以为她是宝玉身边的狐狸精,有带坏宝玉的危险。她被一声叱喝赶出贾府后不久,在表兄家生病死去。宝玉不禁悲从中来,因小丫鬟信口胡诌说晴雯死后作了芙蓉花神,这正好称了宝玉之意,就以满腔真挚的感情为芙蓉女儿提笔作诔。晋代陆机《文赋》述文体之特点说:诔缠绵而凄怆。作品信笔挥洒,情感百般缠绵、凄怆万状,正应诔文特点。

三、寄托出奇

此诔有"喜则以文为戏,悲则以言志痛"的特点。言在近而远,旨亦在远近之间。我们读到诔文在文字上借用得最多的是屈原的《离骚》,这并非偶然。《离骚》的美人香草实际上是屈原用以表达政治理想的特殊方式。曹雪芹作为一个谙熟楚骚传统的文人,在清代文网严厉的特殊时刻,对封建主义的意识形态深恶痛绝,他逆潮流而动,"不稀罕那功名","不为世人观阅称赞",对社会政治的残酷和人伦基石的伪饰有深刻的洞察和认识,为刺痛和批判,只有隐真意于玩文,借师古而远罪,表面上写儿女悼亡之情,却多用贾谊、鲧、石崇、嵇康等在政治斗争中遭祸人物的典故,所谓"高标见嫉,闺帏恨比长沙"之类的句子便是。在晴雯不幸的遭遇中,作者深深寄托着自己对现实政治压迫人才的感慨。表面上是写女子,实际上是对才智之士被迫害的现实寄意指摘与批判。"固鬼蜮之为灾,岂神灵之有妒?"由于作者不可能本质地认识封建制度的性质,所以,他既不能了解那些他加以类比的统治阶级内部斗争中受到排挤打击者,与一个命运悲惨的女奴之间所存在着的阶级区别,也根本无法理解邪恶势力就产生于这一制度的本身,要扫荡食人者,荡涤这人肉的宴席,根本改变人才的生存环境,就必须从根本上消灭人剥削人、人压迫人的社会制度。

诔文末段竟像屈原般热烈而悲慨地唱道:那美丽的世界、美好的制度与美丽的人性、美妙的生存多么令人神往,听听招魂歌是如何将这遥远真切的神往诗意讴歌的吧:天空为什么这样苍茫啊!是你驾着玉龙在天穹遨游吗?大地为什么这样辽阔啊!是你乘着象车降临九泉吗?看那玉伞多么绚烂,有你所骑的星星的光芒吗?看那装饰着羽毛的华盖铺排开路啊,有星星卫护着你两旁吗?让云神作为侍从随行啊,你望着那给月亮赶车的神来送你走吗?倾听着车轴咿呀歌唱啊,那是你驾着鸾凤出游吗?闻到浓郁的香气飘来啊,是你把杜衡结联成佩带吗?衣裙美丽得闪烁耀眼啊,你还把明月雕镂成耳坠了吗?借茂盛的花枝作为祭坛啊,是你用香油点燃了火焰吗?在葫芦上雕刻花纹当饮器啊,是你在酌醇酒饮桂浆吗?放眼凝视啊望断天上的云烟。我仿佛查看到了什么,俯首向深远的地方而倾听侧耳啊,我恍惚耳有所闻。与广袤无边的地方相约真愿没有阻挡,怎忍心把我抛弃在这尘世上!请风神为我赶车吧,你能带着我携手同归吗?我心为此而无限感慨啊,空哀号而为什么呢?你安静地长眠不醒了啊,难道是天命变幻成为这样?既然在墓穴里是如此安稳啊,你又何必要化仙而去?我今天仿佛还身受桎梏而像是累赘啊,愿你的魂魄有所感应而朝我前来。来吧,别再走去。你快快来吧!

《芙蓉女儿诔》作为贾宝玉写给晴雯的纪念抒情文字,表达了作者对身为下贱却精神高贵的晴雯的深厚感情,明里是祭奠她,暗地里也可以使我们感受到另外一个同样高贵的灵魂林黛玉的存在,因为在第六十三回,黛玉占花名为芙蓉:"莫怨东风当自嗟"。我们毋宁说这篇《芙蓉女儿诔》是写给晴雯和林黛玉两个人的。作者不过是想通过此诔说明,只要是如此的灵魂,无论地位贵或贱,都会被这个金玉其外败絮其内的社会恶势力所摧毁,也都是宝玉所最痛惜的现实。

作者通过把诔文的旧形式融入骚体的抒情,激愤地批判了社会的不公,为晴雯、黛玉这样的人格和精神激情讴歌,呼唤历史上屈原、贾谊般美好与纯洁的个性与执着的品格,并为封建社会毁灭这样超尘拔俗的灵魂鸣不平、放悲歌。作者在守正与出奇的对立统一中,不仅承传了传统文化,又创造了新的文化精神。

《葬花吟》的美哲学意味

首都经济贸易大学文化与传播学院　吴伟凡

　　《葬花吟》见于《红楼梦》第二十七回《滴翠亭杨妃戏彩蝶　埋香冢飞燕泣残红》,是作者借林黛玉之思吟诵的一首古体诗,也是林黛玉感叹身世遭遇、暴露人物心事、直击人物心灵、塑造人物个性的代表作,更是曹雪芹借以塑造这一核心艺术形象、表现作者生命感慨和终极意义追问的重要诗篇。小说中的黛玉在怡红院受了"闭门羹"的刺激,回到潇湘馆双手抱膝、两眼含泪一直坐到二更多天。第二天是芒种节,大观园的姑娘们用柳条编成轿马等各种物件祭奠花神,满园之内秀带飘飘,热闹非凡,只有黛玉一人躲开众人的热情和喧嚣,默默来到和宝玉共同葬花的花冢前,边葬花,边哭泣,将内心的各种感受通过诗歌尽情倾吐。尤其重要的是,作者借助传统闺怨、伤春的题材,像唐朝诗人一样且歌且吟,利用诗歌特有的形象而有思致的意味,不仅用力摹写黛玉的内心世界,更将黛玉的生命悲情引向人生,把个体的悲剧与人类整体的悲情结合熔铸起来,在美的期待与美被摧残的命运悲戚中,把人生的悲喜世界和红楼的沁芳意境上升到了美哲学的高度。

一、景情之际

　　"花谢花飞花满天,红消香断有谁怜?"诗歌一开篇以黛玉眼中春天的凋残景象入题,用其对一切倾心怜惜的一颗特殊心灵展开深细的情思。那是美好就要消逝的时刻。风静静地冲撞着天空和树木,树上的花瓣像雨一样飘起又落下。"游丝软系飘春榭,落絮轻沾扑绣帘"。这是描写抒情:温暖柔软的气息灌满着美丽的空间,无论在水榭还是在闺阁,游丝和落絮的身姿里体现着春天最后的律动。"柳丝榆荚自芳菲,不管桃飘与李飞"。这是拟人抒情:万物有常亦有时,春来化雪,春暮落花,柳丝榆荚、桃花李花,该荣则荣,该谢则谢。自然界中的生物在各自的自然中展示着不同的生命规律……"三月香巢已垒成,梁间燕子太无情"。承上,在春天最后的柔软和温馨里,即便是景物,也暗藏着物竞天择、各占其时的残酷感。谁感受到了这一切呢?谁能怜惜那一片粉红的破碎和清新浓郁的香味代表的美好的消散呢？在景物的描述中，诗歌从点到面，引出了美好主体的抒情形象："闺中女儿惜春暮，愁绪满怀无着处；手把花锄出秀帘，忍踏落花来复去。"面对万般景物的不是别人，正是那个愁绪满怀又性灵锐敏的诗人黛玉，她正以世间最多情且最善美的人性去体谅万物的生死与轮转，去感受人世的冷暖与悲喜。"一年三百六十日，风刀霜剑严相逼"。这是用比喻直接抒情：年年岁岁的时日，像有刀剑在逼迫，真是充满风霜感的严酷的日子。"独倚花锄泪暗洒，洒上空枝见血痕"。这是用动作抒情：内心的忧伤太深沉了，以至于哭得站不稳，要依靠花锄的支撑。泪洒在空空的枝条上，颜色变得仿佛落上血一般。"杜鹃无语正黄昏，荷锄归去掩重门。青灯照壁人初睡，冷雨敲窗被未温。怪奴底事倍伤神，半为怜春半恼春。怜春忽至恼忽去，至又无言去不闻。昨宵庭外悲歌发，知是花魂与鸟魂？"这是用事抒情：黄昏来临，荷锄归去，青灯照壁，冷雨敲窗，孤独自思，无语悲发。诗句景情渗透、物我交融，伤春之情奔涌澎湃，孤独之慨恣肆如潮。"质本洁来还洁去，强于污淖陷渠沟"。"未若锦囊收艳骨，一抔净土掩风流"。这是用人格抒情：诗歌所强调的质不只是贞操，更是人生观、世界观中与污淖、丑恶不相融合的人格和情操问题。"侬今葬花人笑痴，他年葬侬知是谁？……一朝春尽红颜老，花落人亡两不知！"这是对照映衬式的抒情：写人与花的互慰、互懂和互怜互诉。《葬花词》由于以花喻己，使黛玉成为美的化身，成为质本与净土的价值追求符号，使具体的抒情上升为哲学的抒情，在情景的互渗中编织了意义特殊的诗歌文本，在《红楼梦》中成为有哲思的美丽诗歌之一。

二、虚实之间

《葬花吟》抒情淋漓尽致、缠绵深切，构成独特的美哲学意境，其虚实相间的艺术想象空间是令读者联想不已、升华不已的重要路径。作为抒情主体的黛玉所吟咏、所怜惜、所埋葬、所哀叹之花既是实在之花，又另有所指。以花喻己的抒情已不是局部的概念，而有整体的意味。

《红楼梦》与花有着千丝万缕的关系，其中既有对花的具体描写，也有许多独具匠心的关联，如把花与书中青春美丽的女子关联起来，把花赋予了象征意义，"千红""万艳"的比喻即是。如果说书中的女子便是一朵朵有意味的花，黛玉则是开得最惊艳、最美丽的一朵"仙"花。她不仅在神话世界是"绛珠仙草"，第五回《枉凝眉》中也用诗词暗示黛玉是"阆苑仙葩"，"阆苑"是仙人的园林，"仙葩"即仙花。从第六十二回可知，她是二月十二日出生，这一天恰是古代的"花朝节"，即是百花的生日。从出生日看，黛玉也是花的结晶、花的使者。

在《红楼梦》的很多章回中，作者总是自觉、不自觉地把花与黛玉联系在一起。

"花"贯穿全书的始终,黛玉也始终与花保持着最紧密的联系。在第二十三回,林黛玉经过梨香院,听到里面戏子唱"只为你如花美眷,似水流年……"不禁细品其中"如花美眷,似水流年"八个字。花的比喻、花的联想使黛玉感同身受,于是才"心动神摇",因为"花"仿佛就是自己的化身。在第三十八回,探春发起海棠诗社,黛玉则是以"花"命名的诗社中最出色的诗人。不论《咏菊》《问菊》,还是《梦菊》,都有通过菊花托物言志、人花一体的特征。尤其是"孤标傲世偕谁隐,一样花开为底迟"一句,以花喻己,写出了黛玉内心的处境和哀愁。第七十回黛玉重建桃花社,"桃花行"末尾两句:"憔悴花遮憔悴人,花飞人倦易黄昏。一声杜宇春归尽,寂寞帘拢空月痕。"在花人一体中慨叹了命运的不堪和心灵的憔悴。更能表现黛玉人花一体、人花同感同悲的则是在第七十七回,黛玉和湘云联诗。湘云出"寒塘渡鹤影",黛玉对"冷月葬花魂"。何等的悲凉和凄伤。黛玉是以生命和灵魂在写诗,是写诗的最高境界。而剖白自己灵魂、死也要玉洁冰清的理想,正是以花来成就的。可以说"葬花"是《红楼梦》美好不可避免、青春终将凋谢的主题的最强音。众花陨落的见证者,就是贾宝玉。黛玉及其众女子都是终将被"埋葬"的美丽花朵,而以黛玉为最凄婉、最惨烈的被毁灭的代表。所以,《葬花词》有"质本洁来还洁去""花落人亡两不知"之语,哀音满怀中既是写花的质:更是写人的质,既是花懂人,更是人惜花;既是实写,更是虚写,所谓虚实相生之间把全诗的意境世界构筑得汗漫缥缈、美丽非凡。清人明义《题红楼梦》诗里说:"伤心一首葬花词,似谶成真不自知。"黛玉这首抒情诗,确是其命运的谶语。作者曹雪芹通过这首葬花辞欲为黛玉悲哭,同时也为"千红一哭",为"万艳同悲"。

三、象意之交

本诗以葬花为核心意象。葬花意象清新动人,婉转惊人,却并非曹雪芹原创。初唐刘希夷《代悲白头翁》中有"今年花落颜色改,明年花开复谁在""年年岁岁花相似,岁岁年年人不同"之意;明唐伯虎有将牡丹花"盛以锦囊,葬于药栏东畔"之事;清纳兰性德《饮水词》中也有"一宵冷雨葬名花"之词,雪芹祖父曹寅更有"百年孤冢葬桃花"的诗句。这些都能启发作者的美感构思和人生想象,也都足以让曹雪芹在创作《葬花吟》上取法利用。但《红楼梦》一经问世,黛玉葬花就全面取代了以前类似的种种描述文字,可见其艺术上的成功。俞平伯先生在《唐六如与林黛玉》一文中,曾分别列举唐伯虎《六如集》中的《落花诗》《花下酌酒歌》《桃花庵歌》等诗,与《红楼梦》中林黛玉的《葬花吟》与《桃花行》两诗进行比较和对照,指出林黛玉的《葬花吟》和《桃花行》均借鉴了唐伯虎《六如集》中咏桃花的诗作和意象,并指出："《红楼梦》虽是部奇书,却也不是劈空而来的奇书。他底有所因,有所本,并不足以损他底声价,反可以形成真的伟大。古语所谓'河海不择细流,故能成其大',正足以移作《红楼梦》底赞语。"①诚然。

黛玉虽然是富贵之家的千金小姐,却又是寄人篱下的孤独少女;锦衣玉食的物质生活满足不了她的精神期盼和爱情追求;虽有宝玉作为她神交的情人,却对未来生活毫无把握和信心;虽然孤高自许,目下无尘,却又偏偏生活在荣国府这样一个"泥淖""沟渠"之中。她所热烈追求的,偏偏是她所处的生活环境所不能容许的,因此,铸成了她多愁善感的个性和悲剧性的命运结局。她将如一朵馨香娇嫩的花朵,悄悄地开放,又将在狂风骤雨中被折磨得枝枯叶败,零落成泥。她以自己的生命直觉感悟着未知的一切,放大着生命的悲情,也情不自禁地挣扎着、抗争着。故而这首诗并非哀音满怀、伤心凄恻,其中,仍然寄寓着一种决绝不平之气。无论是"柳丝榆荚自芳菲,不管桃飘与李飞",还是"三月香巢已垒成,梁间燕子太无情",都寄有对世态炎凉、人情冷暖的愤懑之情。而"一年三百六十日,风刀霜剑严相逼",简直就是对时空环境不理想、现实世界冷酷无情的控诉。"愿奴胁下生双翼,随花飞到天尽头。天尽头,何处有香丘?未若锦囊收艳骨,一抔净土掩风流。质本洁来还洁去,强于污淖陷渠沟",则是在挣扎和抗争中幻想、憧憬那自由幸福而不可得的净土,其间所表现出来的那种不愿受辱被污、不甘低头屈服的孤傲不阿的性格使这首诗的意义鲜明起来,增厚了它的思想价值。洋洋洒洒52句的葬花辞,的确字字句句都与黛玉这个苦命的少女的命运和个性融合在一起,它泪和血凝、如泣如诉,成为独步古今的"黛玉咏叹调",与"葬花"意象的缠绵、凄伤和别致、深情紧密相关。曹雪芹不仅沿用了"葬花"意象,还与林黛玉一起,通过个性和情节的贯通联想,细化和发展了这个意象——为落花缝锦囊,为落花埋香冢,成就了一个在春天凋残意象群中,肩荷香锄、为花悲哭作诗,与花缠绵、共语的抒情主人公。这样的意象与意象群写在这个多愁善感、才华横溢的少女身上,从荒唐变成可以理解,因为作者把典型环境与典型性格融为一体,是独一无二的曹雪芹式的表现手法。古语说:春女怨,秋士悲。黛玉就是在百花凋落的暮春时节拟就这首葬花辞。葬花,既是怜惜花的凋落,更是埋葬一腔美好,对异己的世界表达一种愤慨,一种绝望。所以,在核心意象中包含着黛玉的个体之情——孤独与悲伤,更蕴含了作者的宇宙之思——人类求美的思想和意志。

---

① 俞平伯. 俞平伯说红楼梦[M]. 上海:上海古籍出版社,1998:204.

　　葬花辞"似谶成真",孕玄入情,被誉为《红楼梦》一书中最为人所称道、艺术上最为成功的诗篇之一,不仅因为此诗是林黛玉感叹身世遭遇哀音的代表,更因为它超越了诗歌主体的具体身世遭遇和个性性格,可以让人上升到对社会、对美、对存在进行哲学反思的高度,正是在美哲学的高度使此诗与宝玉的诔文一起成为《红楼梦》一书中的诗文双璧。

萧红小说的悲剧主题意蕴

首都经济贸易大学文化与传播学院　司新丽

萧红是中国 20 世纪 30 年代走上文坛的东北作家群中的代表作家,她的生命和创作生涯尽管短暂,却给世人留下了挥之不去的思念和疼痛。不少人将萧红与张爱玲相提并论,是因为文字能如雕刻者,在中国现代文学史上女性作家只有她们二人。但二者小说骨子中的内涵和底蕴却差异甚大。萧红是一个有着强烈悲剧意识的作家,她坎坷曲折的经历使她有了看待生活的独特方式和对人生的独特发现,悲剧成为萧红小说的主题意蕴已是必然。

萧红小说的悲剧意蕴,多是通过许多无价值的死亡以及人们对死亡的冷漠表现出来的,体现了她对人类生命脆弱易失、不堪一击的悲剧性思考。最能体现悲剧意蕴的小说是她的《生死场》和《呼兰河传》。在这两部小说中,白描了呼兰人死水一般麻木的生活,雕刻了呼兰人物化的生命形态,挖掘了呼兰人对生死默然的空虚和悲凉。这些一起构建了萧红小说的主题悲剧意蕴。

一、死水一般麻木的生活

萧红通过客观冷静的描述,给读者呈现了一幅幅死水一潭的麻木的呼兰人的生活图景:夏季,除了高粱地,收割的麦田,长满倭瓜、土豆和西红柿的菜圃,熏蚊子的艾蒿火绳,还有涌动着原始本能的强悍的关东汉子与偷情的姑娘。秋季,“田间憔悴起来了,只见车子,牛车和马车轮滚滚地载满高粱的穗头,大豆的秧杆”,偷情的姑娘孕育着新的生命;冬季,女人们聚在热炕上做针线活儿,讲着粗俗而热闹的笑话。孩子们则在山坡上以“各种不同的姿势”滑冰。“男人们计虑怎样开始明年的耕种”。一个美丽的女人凄惨地离开了人世。春季,万象更新,山顶绿了又变红了。孩子们上山放羊、拾野菜,原野上积雪消融,送粪的人和送粪的车渐渐地忙着了。畜生忙着生产,人也忙着生产,整个世界都一起忙着生,忙着死,这是呼兰人一年四季的生活图景,在这里,“长大了就长大了,长不大也就算了”;“眼花了,就不看;耳聋了,就不听;牙掉了,就整吞;走不动了,就瘫着”;“人死了就完了”。萧红客观冷静的白描,看似随遇而安的生活,却让人产生了对这种生命存在无比苍凉的感受,呼兰河人越是安于如此死水一般的生活,对读者产生的越是震惊和感叹,在呼兰河人的麻木中,坟场才是他们永久的归宿。萧红透视出了无比的苍凉、悲愤和忧戚。悲剧的意蕴也因萧红的冷静白描穿越时空显得分外幽远。

二、物化的生命形态

如果说对呼兰人死水一般麻木生活的白描显示了萧红小说悲剧主题意蕴的表层,那么自《生死场》开始,萧红的小说则由对表层的愤激和忧戚转向了更深意义上对人、对民族、对命运的思考,写出了在深层文化积压和重压下普遍而久远的人性悲剧。在《生死场》中,通过呼兰人物化的生命形态传达了深刻的人生人性悲剧。

《生死场》中农民近乎变态地热爱土地、粮食、牲口,是为了将生命延续下去,但在真正具体的生命面前,却又轻贱生命本体,忽略生命意识,"在乡村,人和动物一起忙着生,忙着死"。王婆津津有味地讲述着她的孩子摔死在铁犁上,鲜血淋漓的那一幕时,神情显得那样的专注和兴奋,"……我把她丢到草堆上,血尽是向草堆上流呀!她的小手颤颤着,血在冒着热气,从鼻子流出,从嘴也流出,好像喉管被切断了……"是什么让她丧失了一个做母亲的天性?是麦子的即将丰收!为此她"一点都不后悔","一滴眼泪都没淌下"!二里半为寻找丢失的羊,不慎踩踏了邻居的几棵白菜,结果被邻人"打得眼睛昏花了起来"。金枝进城受尽屈辱,用肉体换来几个零钱贴补家用,可是母亲丝毫不体恤女儿的辛酸和不幸,反而兴高采烈,催促她再回到城里去。他们"对物的感情,远远超出了人与人之间的亲情,即使是父子、母女、夫妻也会为一只鸡、一棵菜反目成仇",如此的点睛之笔概括了作品中的诸多细节,倾注了对人类生命价值与尊严沦落的无限悲叹与感慨。

物化的生命形态使他们淡化或消解了各种亲情、友情,变得极端自私、冷酷、麻木、专横、恃强凌弱,沿用动物的生存法则。《生死场》中一再出现的人与动物生殖的对照性描写,"夏天,狗在后房草堆上生产,母猪的肚子也大了起来,五姑姑也在生产,土炕上扬着灰,她光着身子,像一条鱼似的趴在那里"。当王婆接生回来时,"窗外墙根下,不知谁家的猪正在生小猪"。在这庄上,谁家养小孩,一旦遇到孩子不能养下,"就去拿着钩子,也许用那个掘菜的刀子,把孩子从娘肚里硬搅出来",而生产的女人则悲壮地"横在血光中,用肉体来浸着血"。萧红把女人的生产和动物的生产比照描写,突出了女人动物般的生存状态和身心遭受的痛苦。连生育这种特殊的生命形态都变成了物化的生命形态,可见呼兰人的生命存在状态物化到了何种地步,物化的生命形态充满极致的悲剧。

总之,农民对土地、粮食、牲口的热爱,达到了一种变态的程度,从中可见人对自然和环境无可奈何的臣服与依附,本应该作为主体的人,则被消解了主体性,成为环境的囚徒。《生死场》中所体现出的物化的生命形态以及忽略和轻视人的生命价值的普遍现象,其实是对人类生与死的严肃意义的消解,从这一方面看,这是人类一种更为深重的悲剧。

三、对生死默然的空虚和悲凉

如果说萧红通过《生死场》传达了物化生命形态对人类生与死严肃意义消解的话,《呼兰河传》更是人们对生死漠然中写出的"几乎无事的悲剧"。萧红对生命的感觉似乎已超出单纯的物化生命形态生与死的界限,更为深远地思索着对生死默然的空虚与悲凉。

呼兰河城表面上看起来非常宁静、俨然一个世外桃源,其实非常落后、恶劣与残酷。在呼兰河的环境中给人印象最为深刻的是"大泥坑","大泥坑"给人们的行走带来了极大的不便,害死了不少人,可是没有人说把泥坑用土填起来,反而把泥坑给人带来的灾难与不幸当作笑料:"车夫从泥坑爬出来,弄得和小鬼似的,满脸泥污,而后再从泥中往外挖掘他的马,不料那马已经倒在泥污之中了。……看那马要站起来了,他们就喝彩,'噢!噢!'地喊叫着,看那马又站不起来,又倒下去了,这时他们又是喝彩,'噢噢'地叫了几声。不过这喝的是倒彩。"这就是呼兰河的环境和呼兰人的感受。呼兰人从未想过逃逸,他们认为这是原始的生命循环,"春夏秋冬,一年四季来回循环地走,""受得住的就过去了,受不住的就寻求着自然的结果。"萧红对呼兰河环境的体验是被动的荒原般的世界、死一般的沉寂。这荒原般的世界、死一般的沉寂无疑是悲剧,而呼兰人对这样的悲剧则是麻木不仁、极为冷漠,这麻木不仁和极深的冷漠则更是一种巨大的悲剧。

生活在呼兰城的呼兰人的命运充满悲剧。悲剧环境里悲剧人物的出现成为注定。呼兰河人的精神食粮就是那些与鬼怪有着密切联系的跳大神、放河灯及逛庙会之类的活动,他们对生死默然、麻木,对别人和自己的痛苦麻木到令人震惊的程度。小团圆媳妇只因"见人不知羞,两眼骨碌转"就被好心的人们放到开水里烫死;口碑很好的王大姐,仅因自愿嫁给穷困的磨倌,便一变而为"坏女人"最终在不绝的奚落声中死去。冯歪嘴子是一个质朴而勇敢的推磨匠,他有自己的生活方式和言行,有要求自立、要求做人的愿望,不愿充当别人的笑料。但他却和有二伯一样受尽了别人的冷嘲热讽。人们对他与王大姑娘的婚姻先是羡,随之而来的是妒。掌柜的太太没有因寒冬腊月而可怜他们,反而以"破风水"之名把他们赶了出来。传统世俗的受害者,用套住自己的枷锁又去劈杀别人,而这种残忍的劈杀行为却是以极其真诚的善良态度进行的。呼兰人的现实人生无聊而悲惨,无论对自己的生死还是别人的生死都表现出默然和麻木,充满对活生生人的生存权利的践踏,这无疑对别人和自己都是悲剧。更为悲剧的是,他们没有能力也不想通过奋斗来改变现状,他们对阴间世界深信不疑、无比虔诚,进入一种空虚和幻想的无比悲凉的状态。

人性的探索
——解析沈从文小说的思想内容

首都经济贸易大学文化与传播学院　　司新丽

在景象万千的中国现代文坛,沈从文是一个极其独特的京派小说家。他的独特体现在三个方面:第一,这是一个始终以"对政治无信仰对生命极关心的乡下人"自居的作家。沈从文一生都自命为乡下人,他用一个具有乡下人眼光的都市知识分子身份来看待中国的"常"与"变"。第二,人性探索是沈从文持纯艺术道路的思想中轴。他说:"我只想造希腊小庙","这神庙供奉的是'人性'"。第三,沈从文主要的文学贡献在于用小说、散文构筑起他独具特色的湘西世界。他说:"湘西"代表的是一种"优美,健康,自然,而又不悖乎人性的人生形式"。

沈从文一生创作极为丰富,留下的短篇小说在一百五十篇以上,中长篇小说十部左右。最有影响也最有成就的两个作品系列是:湘西世界和都市世界。总体而言,以湘西世界为主,以都市世界为辅,再加上都市乡村的各色人群,构成了他文化意味浓厚的人生形式图景。在这样的图景之中,沈从文表达了自己的审美价值取向和人生理想。

一、湘西世界

沈从文通过湘西的原始、自在和自为三种生命形态,构建了一种可以寄托自己生命理想的人生形式。

1. 原始的生命形态

沈从文在《七个野人和最后一个迎春节》中描写道:这里"没有赖债的人",人们"不知道欺骗","没有乞丐,盗贼","不用向官府纳税",由此可见,人们的观念和人际关系单纯朴素,没有文明社会里那矫饰的温情和虚伪的欺骗,只有真诚的信托,大胆的相爱。特别是沈从文其他小说中所塑造的神巫、龙朱、媚金、柏子等人物形象,都保持着一种原始的生命状态,他们无私、坦率而且真诚,他们的生活方式、喜怒哀乐都与周围的大自然相契合,他们身上爆发出一种自然的原始强生命力。正是在这些人物身上,沈从文发现了健全的人性,发现了生命与力。这就是沈从文笔下的原始生命形态,其本质特点是人性真诚、坦率,拥有自然原始的生命强力。

2. 自在的生命形态

但是随着现代文明的入侵,湘西的淳朴风俗发生了变异,符合人性的"习惯"被解体,人性在文明的侵蚀下被扭曲。比如:《贵生》中店老板的女儿金凤抛弃了爱情初衷,为满足物欲而投入有权势的老地主张五爷的怀抱里;《丈夫》中妻子也习惯于把出卖自己作为"生意"对待,慢慢地沾染上城里的坏习气,最后被毁掉。但在沈从文笔下这样被扭曲和被毁灭的人性还是很少的,多数依然如同萧萧般保持着古朴美好的人性。小说《萧萧》写的是童养媳的生活,写一个野草般任人践踏又具有野草般顽强的生命。十二岁的她嫁给了三岁的丈夫作童养媳,她在寂寞中做着当女学生的梦。又糊里糊涂地委身于长工花狗,糊里糊涂地怀孕。本来等待她的命运是发配到远方或沉潭,但又因为她生了一个团头大耳的男孩全家欢喜而又平静地过下去,在这里我们看到:古朴善良的人性战胜了封建礼教的宣判。等再过十二年,儿子也娶了年长他六岁的媳妇。萧萧在迎娶新娘的唢呐声中,依然过着从前的生活。从生存层面看,萧萧的无知倒使她回避了对痛苦的感受,而满足于当下的温饱生活,在诸多生活细节中感受快乐。如同她的祖祖辈辈,生活在闭塞的乡下,恪守着传统的习俗,从不追问终年的辛勤劳作为何没有使他们过上较好的生活,更不会关注生命的存在意义这样抽象终极的问题。萧萧对女学生的幻想源自对祖父所描绘的女学生那种自由生活的渴望。某种程度上这种梦境和幻想消解了萧萧内心的焦虑,但所有由文明侵入所产生的梦境和幻想以及闭塞和孤寂都没有改变湘西世界中古朴善良的人性,这就是沈从文笔下湘西世界的自在的生命形态,其本质特点是人性古朴善良。

3. 自为的生命形态

最能表现这种生命形态的作品是沈从文1934年10月出版的代表作《边城》,《边城》主要写了乡土风俗和爱情故事。以湘西小山城茶峒为背景。茶峒附近,小溪白塔边有独户人家:祖父、少女翠翠和一只善解人性的狗。傩送是当地船总顺顺的次子,他与翠翠的姻缘简直是天造地设。但是首先托媒人向翠翠提亲的,是傩送的长兄天保。祖父尊重翠翠的心愿,让两个人唱歌以从中抉择,天保知道唱不过弟弟,于是坐船远行做生意而葬身于河滩之中。傩送因为内疚而坐船远去桃源。祖父因为忧虑而撒手人寰。只剩下翠翠仍以摆渡为生,过着平静的生活。这就是沈从文笔下自为的生命形态,即面对各种困惑和艰难,依然保持"优美、健康、自然又不悖乎人性的人生形式"。

沈从文以一个古朴动人的爱情故事的叙述,表现了一种优美、健康、自然的人生形式,为人类之爱做了恰如其分的说明,表达了作者对美好人性的渴望和追求,体现了作者的理想。的确,边城的一切极有秩序,人民安分乐业,俨然桃园仙境。这种理想化的表现在于从道德角度,为湘西和整个中华民族道德的重造指出未来方向。汪曾祺称小说《边城》"理想化的现实","但是后面隐伏着作者很深的悲剧感"。翠翠是作者倾注爱与美理想的艺术形象,老船夫是善的化身,这种人生是美丽善良的,但却引向了毁灭。鲁迅说:"悲剧是将好的东西毁灭给人看。"我们在悲剧中感受的不是壮美,因为沈从文在悲剧中发掘的不是残酷而是优美。

总之,沈从文用三个层次的生命形态构建了充满自己理想的湘西世界。在这里,沈从文发现了古朴美好的人性,发现了自然的原始生命强力,更发现了优美、健康、自然又不悖乎人性的人生形式。

沈从文异常在乎他笔下的湘西世界,以至还要通过批判都市世界来反衬湘西世界的美好。

二、都市世界

以自然文化的价值尺度对都市文明进行嘲讽和批判,对作为城市文化的体现者的知识者,批判他们的毫无血性,毫无生命活力,批判他们的虚伪或怯弱。

最有代表性的小说是《八骏图》,写暑期外地到青岛讲学的八位教授的人生态度和恋爱心理。这些教授在文明和学识的圈子里,心理的欲望被抑制和堵塞,但他们不愿卸下文明的衣冠,于是在道貌岸然中发泄着自己变态的心理。比如,儿女成行的教授在自己的蚊帐中挂着半裸体的美女香烟广告图,特别是第八位教授作家达士先生在青岛的大学生活期间,发现周围的七个教授都患了性压抑、性变态的病症,便在给未婚妻写的信中一一刻画了他们的虚假处。但到了结尾,第八位教授被一女人的黄色身影和海滩神秘的字迹图画所诱惑,居然拍电报给未婚妻推迟行期,说害小病要在海边多住几天。沈从文从人性的欠缺和冲突入手,指出了一种广泛的文化现象:自认深得现代文明真谛的高等知识者,也和普通湘西乡民一样,阻挡不住性爱或隐或显的涌动。所不同的是,普通乡民们能返璞归真,求得人性的和谐;而都市的智者却用由"文明"制造的种种枷锁无形地捆绑住自己,以至于失态,跌入更加不文明的轮回圈中。

可见,沈从文小说中的都市世界是毫无血性和生命力的,是虚伪怯懦的。在都市世界与湘西世界的对比中,沈从文再次肯定了湘西世界中人的自然、和谐、健康的生命形式。

三、表达重塑民族精神的审美理想

综上所述，沈从文从他笔下的湘西世界中发掘和表现出一种优美、健康、自然，又不悖乎人性的人生形式，他不是从政治经济角度，而是从伦理道德的角度去抨击现代异化的人性，讴歌古朴美好的人性。从而建构起以湘西世界为模式的理想社会，为那个时代提供了一个未来社会的理想模式，或者说，一条属于他自己的，独具特色的重造民族品格的现实途径。

以上可见沈从文关注人性，解析人生，与张爱玲有相似之处，但本质上截然不同，沈从文更多关注人性，张爱玲更多关注人生。沈从文通过写人性来解决人生的问题，张爱玲通过写人生来解决人性的本质问题。沈从文是建构的、审美的，张爱玲是解构的、审丑的。沈从文对湘西的写作是一种回望，而张爱玲对孤岛的写作则是一种俯视。

冷静叙说下的生命探索
——读李永生《故里奇谭》系列笔记体小说

首都经济贸易大学文化与传播学院　司新丽

　　涞水隶属河北保定,保定自古便是燕赵悲歌之地,《故里奇谭》系列笔记体小说的作者李永生作为保定籍新一代作家之一,承继了燕赵悲歌之地的人格和文风。他的《故里奇谭》系列笔记体小说,曾经在《保定晚报》《北京文学》《天津文学》《章回小说》《东风文艺》《广西文学》等刊物发表,选载 400 篇次,多次获奖,并著有《儒匪》《和谐的玉米》《神枪一只眼》三部作品集。《故里奇谭》立足作者家乡土地,以传奇的笔触、儒雅关怀,对旧时代的各色人等进行灵魂的抚慰。

　　李永生的小说给人的强烈感觉就在于它的启示性。和所有优秀的文学作品一样,它带给我们的是对生活的思考,它总是留给我们很大的思索空间。它让我们在已经遗忘和准备遗忘的时候,唤起我们的记忆和感受的能力。它通过写一些古旧的逸闻琐事,感动或震撼我们的灵魂,让我们思索感叹生命。

　　笔记体小说是中国古典小说的一种,是具有小说性质、介于随笔和小说之间的一种文体。笔记体小说多以人物趣闻轶事、民间故事传说为题材,具有写人粗疏、叙事简约、篇幅短小、形式灵活和不拘一格的特点。起源可以追溯到南朝刘义庆的《世说新语》。新时期文学伊始,古老的笔记体小说重新焕发生机。汪曾祺、林斤澜、贾平凹和李庆西等皆是名家好手。他们调动了多种叙事手法,精心钩沉市井民俗的百态生活,使得这一文体更加趣味化和文人化,由此衍生出"新笔记小说"的理论命题。文学落潮经济成为显学以来,笔记体小说受到冲击,渐呈式微的迹象。也是从这一时期开始,笔记体小说渐渐靠拢小小说的阵地,其亦幻亦真的手法,奇人异事的挖掘途径,为一些小小说作家所钟情。与此同时,笔记体小说也由全国性的症候转向地方,部分小小说作者利用自身野史逸事的积累,不自觉地跨入笔记体小说创作的方阵之中,成为地方性文学格局的重要补充。

　　李永生的小说有着传统笔记体小说的神韵,极大地承继了古代笔记体小说的文学精神和艺术旨趣,它不仅承继了传统,而且使传统的小说样式获得了新的生命和光彩,因此也兼有了传统性和现代性的双重特征,《故里奇谭》正是这样的新笔记体小说集。它有传统的笔记小说的神韵,只注重简洁的叙述,注重"描写"。细读小说,很有传统笔记体小说的神韵——常常只是点染一下,叙述一个戏剧性很强的故事,活画出其中的人物,用语言和动作塑造人物,而不是用心理描写塑造。《穷摆》《女才男貌的婚姻》《情书》等小说都运用了这样的艺术表达手法。《生命的绝唱》更是表现了这样的艺术手法,小说写面对死亡别无选择的悲壮和对生的留恋,依然没有心理描写和独白,只是用语言和行动默默陈述一切。也许,正是这样的艺术手段和表达方式,让小说的人物和故事在平静中具有了别样的感动和震撼的能量。不用作者告诉我们,不用小说中的人物告诉我们,我们被小说中的语言和行动感动和震撼了,这是多大的艺术魅力!李永生就是用这样的艺术手法塑造出了多个活生生的艺术人物,这些人物多具有崇侠尚义、正直善良、勇敢机智、多才多艺等优秀品质,这些人物充满理想主义色彩,闪耀着动人的精神美的光辉。《儒匪》的主人公梁柯,"仪表俊秀,风流雅俊",他虽为匪盗,却文武双全,号称"风流儒匪"。他重情重义,智慧机敏,最后战胜了狡猾狠毒的知县,与心爱的七夫人一起远走天涯。《墨药》中的仙风道骨、多才而机敏的彭道长形象,是书画名家,还颇懂医术,同时是位爱憎分明的世外高人。

《故里奇谭》系列笔记体小说绝不仅是"实录"涞阳这个地方一些古老的故事和人物,而是要潜入历史,探索生命,把握生活的脉搏和人性的底蕴,从而使作品有了一种打通古今、借古鉴今的味道。小说《穷摆》借古代郭公子讨饭也要穷摆谱的故事,似乎在说明一个道理:人把自己摆在什么位置,并用这个位置应有的规矩来要求自己,那么别人也会用相应的方式去回应。简言之,自己尊重自己,就会赢得别人的尊重。《女才男貌的婚姻》用有才的丑女和英俊男子的成功爱情向"郎才女貌"的传统挑战。《月舟图》用乾隆时期一个画家和一个知县的故事,传达出"水能载舟,亦能覆舟"的道理,而这样的道理,到今天依然有着同样重要的意义。作为整个小说集的精华篇《生命的绝唱》,读完后内心充满了感动和震撼。作者用冷静朴实的语言、真诚朴素的情感表达了排长和瘦干儿的本真。这种本真是他们选择死亡表达的朴实和真诚。这种朴实和真诚让人感动,感动之余是震撼,尤其是瘦干儿作为一个孩子,选择死亡前要写首诗,要蒙上眼睛。读到此,我们的眼睛湿润了,那是对生命留恋的真实和真诚!但他们还是选择死亡。作者的高明之处在于不是把他们作为打鬼子的英雄来写,而是写一个那时、那情中的真实的人,写他们真实的感受、真诚的情感。作品朴实冷静,却真诚逼人。用故事沟通古今,思索生命;状景描物,言简意赅。看似漫不经心,实则苦心经营,总给读者留有余味。《情误》在最后部分写道:旋即夫人脸一红,低声说:"为娘、为娘……确曾是青楼女子啊!"让人读罢,总是扼腕长叹:原来如此。令人思索的味道长存不已。

《故里奇谭》系列笔记体小说在文体上,则定位为小小说,或微型小说,要在尽可能短的篇幅内一波三折,跌宕起伏,故事、情节,人物等鲜明而有地方、民族特色。《儒匪》在仅有两页多纸字数里对故事极尽波折,叙写了儒匪梁柯和知县及知县七夫人之间斗智斗勇的故事。可以说,一波三折,令读者惊愕。作为小说集的名称显示了作者的朴实和平民化。《故里奇谭》视角定位应是平民化的,是以平民的视角出发去阐释社会及事物,也就是说,是老百姓眼里的世界,是一种本土化与民族化的小小说创作。《神枪一只眼》中的一只眼枪法精准,打死很多鬼子,舍身救下何大巴掌,而他的愿望是"抗战胜利了便回东北老林,娶老婆生娃上山打猎"。从平民、老百姓的视角去评判事物、去感受生活和生命的价值和意义,而最后在牺牲了的一只眼的脸上何大巴掌做了这样的动作:"在他那应该长左眼的'白板'地方画上了一只最讨女人喜欢的双眼皮大眼睛。"让人感动于老百姓的朴实和真挚的情感以及那极为传统的团圆和美好的愿望。

读《故里奇谭》系列笔记体小说,我们感受到它不再是传统笔记体小说那种"书记官"风格式的实录体作品,而是一种建立在个人创造性基础之上的、融入作家个体生命体验的个人化写作;不再像古代笔记体小说多停留在轶闻琐事的录写和趣味把玩的层次上,而是由外在的人事、意趣,上升到新理性层面,对文化积淀进行揭示、批判,对社会历史进行反思审视,对现代人的生活、生存以及人的价值进行关注探讨,在一种冷静叙说下,对人的生命的真诚探索,所达到的深度是传统古代笔记小说所难以企及的,它虽然每篇都略显短小而不宏大,但自有其生命力,我想原因就在于此。《丑妓》写的是一个"女才男貌"的故事,一个叫"泪沁"的青楼女长得很丑,但很有才气,一心想找一个玉树临风的白马王子,一个叫田缘一的富家子弟仰慕她的才华,于是挑战自己迎娶了她。故事到此本该结束,但作者则以"新婚之夜,新郎望着新娘那张麻脸,却始终未能燃起最大的冲动。一声叹息———"作为结尾,作者的目的在于告诉读者:理想和现实有时是矛盾的,人的美好愿望有时会被残酷的现实击碎,从而产生了一种深刻的悲剧美,震撼着读者的心灵。

读罢《故里奇谭》系列小说,良久不忍释手,感动、震撼、思索,或许都有吧。如果要深刻理解李永生小说中的冷静叙说下的生命探索,《生命的绝唱》是对它最为精准的诠释。还是用《生命的绝唱》中 16 岁娃娃兵的那首诗作结吧:在牺牲的那一刻/我蒙上了双眼/同志们啊别说我怯懦/我只是不忍看/不忍看属于我的最后一抹阳光/在眼前匆匆掠过

作为元开国小说的《青史演义》

首都经济贸易大学文化与传播学院　彭利芝

中国明清历史小说规模"几与正史分签并架"①。然而,元开国史却有意无意为清中叶之前的小说家所忽略。直到清道光同治年间蒙古族作家尹湛纳希(1835—1892)创作的蒙文版《大元盛世青史演义》的出现,才得以弥补此缺。

《大元盛世青史演义》简称《青史演义》,据传共写了一百二十回,但至目前,只有六十九回的版本流传。《青史演义》按照历史编年的顺序叙述元开国史,全书演述成吉思汗诞生直至其逝世,以及窝阔台即位征讨金国共 74 年的史实,重点塑造了成吉思汗的英雄形象,是一部名副其实的元开国小说。

尹湛纳希出生于清代卓索图盟土默特右旗的"忠信府",为成吉思汗第 28 代孙。卓索图盟是内地与东北联系的枢纽,也是满汉文化交流中心。尹湛纳希的父亲旺钦巴拉曾任本旗协理台吉,喜藏书,家中收藏有大量蒙、汉、藏、满文图书。旺钦巴拉致力于蒙古历史研究,《青史演义》前八章为其遗作。作为蒙古黄金家族的后裔,尹湛纳希五岁即背诵家谱,熟悉祖先的光辉业绩,对本民族有着无比的热爱。然而,当时的一些蒙古人对于本民族的历史一窍不通,"对于开创元朝立国基的成吉思汗之如何称帝和如何去世以及他如何奔波六十六年创建天下,这些重大的事件,很多人至今一无所知"②。这实在令人痛心。而且,历代汉人著述对蒙古族历史的记载也颇为不公:"明朝一代之小人君子,却信口开河,随心所欲诋毁蒙古人,任意篡改宋代朱元晦秉公撰写的《通鉴纲目》之原意,诋毁这部正史使其失去真谛。……明朝的《明纪纲目》删去蒙古大元朝太祖、太宗、定宗、宪宗这四位皇帝的五十四年,加上世祖皇帝中统十年至元十六年,共计八十九年。……怎么能用小人之腹挑剔或诋毁号令天下的大元朝天子呢?"③为了"让所有的蒙古人都知道本民族的历史和宗姓",也为了还蒙古祖先应有的历史地位,尹湛纳希决心继承亡父的

---

① 可观道人在《〈新列国志〉序》:"自罗贯中氏《三国志》一书以国史演为通俗演义,汪洋百余回,为世所尚,嗣是效颦日众,因而有《夏书》《商书》《列国》《两汉》《唐书》《残唐》《南北宋》诸刻,其浩瀚几与正史分签并架。"

② 尹湛纳希. 青史演义[M]. 呼和浩特:内蒙古人民出版社,2010:5 – 6.

③ 尹湛纳希. 青史演义[M]. 呼和浩特:内蒙古人民出版社,2010:38 – 40.

遗志开始《青史演义》的写作。

尹湛纳希父亲的家中藏书，为其提供了得天独厚的创作条件。尹湛纳希在家中"找出了大元朝所属蒙古各部落的史书、传集、历史故事共十种。此外，还找到了汉族的史纪、蒙满典册、藏族经文的译稿和畏吾儿历史译稿共十种：《盛世青史》《无敌圣主之源》《蒙古圣主传》《皇子简史》《达赖喇嘛所著青年之婚》《金婚之乐》《成吉思汗散史》《成吉思汗传说》《大元朝正史》《朱子通鉴纲目》。"①依赖于这些家族藏书，凭借其通晓蒙、汉、满、藏文字的能力与蒙、汉古典文学的造诣，最终完成了《青史演义》的写作。

《青史演义》的出现虽然与作者的家世有关，但与清代特别是晚清特殊的政治文化大背景不无关系。而在《青史演义》相关研究中，对于后者的研究相对薄弱，因此更有探讨的必要。有清一代，正统论思想相对淡薄。就"华夷之辨"而言，清代由于其少数民族的政权特色，统治者更是批驳华夷之分的正统论，"大一统而斥偏安，内中华而外夷狄，此天地之常经，古今之通义。是故夷狄而中华之，则中华之，中华而夷狄之，则夷狄之，此亦《春秋》之法，司马光、朱子所为亟亟也"②。在这种大一统的纲领下，乾嘉以后的史学家逐渐淡化了华夷观念，对历史上成为中华之主的少数民族政权都给予了正统地位，由此带动了少数民族开国史的研究与小说创作。比如，南北朝史在乾隆年间被史学家所关注，乾隆五十八年、六十年则出现了杜纲《北史演义》与《南史演义》。《北史演义》涉及北魏、北齐、北周史事，主要以北齐开国君王高欢为中心，敷演了北齐的开国史。北魏、北齐、北周都属鲜卑王朝。《北史演义》成为中国第一部敷演少数民族易代史的小说。清中叶以后，人们对辽、金、元少数民族政权的评价发生了变化，相应地带动了西北舆地学特别是蒙古史学的发展，为元开国小说的创作奠定了基础。

清朝定鼎之后，陆续征服蒙古、新疆、青海和西藏等"藩部"，大一统格局的形成为西北舆地学的兴起创造了条件。此外，清代考据之风盛行，辽、金、元三史本身的缺陷更激起学者考据之兴趣。而元史"在诸史中最为荒秽"，"清儒发愤戡治，代有其人"③。"乾隆间自《永乐大典》中发见《元秘史》及《皇元圣武亲征录》所记皆

① 对于这些史料与小说之间的关系，相关研究成果有：扎拉嘎. 尹湛纳希评传[M]. 呼和浩特：内蒙古教育出版社，1994；包红梅. 论蒙古史传文学向历史小说的转变——《青史演义》与相关蒙汉文历史著作的比较研究[D]. 北京：中国社会科学院博士论文，2003；吴·塔娜.《青史演义》史料学研究（蒙古文）[D]. 北京：中央民族大学博士论文，2007；胡日查.《青史演义》史料来源研究[D]. 呼和浩特：内蒙古大学博士论文，2011；等等。

② 吴怀祺. 王记录《中国史学思想史》清代卷[M]. 合肥：黄山书社，2002：182.

③ 梁启超. 中国近三百年学术史：之十五[M]. 北京：东方出版社，1996：344.

开国及太祖时事。两书出而'元史学'起一革命"①。一时间,治元史者兴味骤增。晚清以来,清政府与沙俄签订的《中俄瑷珲条约》《中俄勘分西北界约记》等条约,使北部地区大片领土不战而失。在此严峻时局之下,学者纷纷研讨西北地理,企图御侮图强。而西北地区都是当年的元朝故土,大元王朝广阔的疆域以及在世界格局中的主导地位,很自然为身处危机中的国人所景仰,元史研究遂形成热潮。在这股风气之下,蒙古族勃兴的相关史料陆续出现。不仅之前的史料如《蒙古秘史》与《圣武亲征录》《长春真人西游记》等得到进一步发掘与重视,还出现了大量新编撰的成果。如乾隆年间的祁韵士(1751—1815)曾编成《藩部要略》,对蒙古、厄鲁特蒙古等的地理、历史、部落分合衍变,做了准确翔实的记载。道光年间的张穆(1805—1849)编撰《蒙古游牧记》一书,该书以盟旗为单位,对蒙古各部落历史、游牧所在、王公系谱事略、领地四周、盟旗沿革、山川城堡等,进行了详细的考证与著述。尹湛纳希撰写《青史演义》所利用的十部史书,与这股蒙古史学研究热潮不无关系。

尹湛纳希认为,各民族之间只有种族、地域、风俗不同,并无高低之别。在《青史演义》中,作者从一个大天下的视角书写宋、金、元的历史。比如,每章同时标明宋、金、蒙古的纪年和干支,成吉思汗称帝前,蒙古纪年以成吉思汗年岁标示,如第一章下标明"宋朝十世皇帝绍兴三十二年,壬午岁,金朝五世皇帝世宗大定二年,是年圣武皇帝成吉思汗诞生"。成吉思汗称帝后,三个皇帝年号同时列入每章开篇,称帝当年依次为宋、金、蒙古,而后则依次为蒙古、宋、金。在正文中,作者也不时表达其大天下的观念,在第十九章中,作者在看待日月亏蚀与皇帝失德的关联时议论到:

> 日月亏蚀乃是由万物之气形成的一种浊气……宇宙天地宽广无比,一个小小的宋宁宗皇帝失德,哪能发生日月亏蚀的现象呢?偌大天下有无数比宋宁宗大的皇上。若说一个皇帝失德日月都亏蚀一次以示惩戒,那么只一个太阳究竟替哪一个皇帝去亏蚀呢?②

作者虽然是以科学意识批驳传统的"天人感应"论,但同时也体现了作者宽广的天下意识。天下非仅中国之天下,天子自然非仅指大宋之天子。宋、金、元都共同生活于一个太阳之下,且"偌大天下有无数比宋宁宗大的皇上",焉能以华夷论高下?

作者还以无比的民族自豪感敷演了元的开国史,特别塑造了成吉思汗的光辉

---

① 梁启超. 中国近三百年学术史:之十五[M]. 北京:东方出版社,1996:345.
② 尹湛纳希. 青史演义[M]. 呼和浩特:内蒙古人民出版社,2010:336.

形象。在作者看来,元的开国与汉唐宋明汉族政权的开国并无不同。在明清历史演义中,刘邦、刘备、李世民、赵匡胤和朱元璋等人之所以能成就帝业,不外乎有"天命"之庇护,得"民心"之支持,有"人才"为之辅佐,具"谋略"以运筹帷幄①。而正统王朝之定鼎,尤其离不开天命与民心。尹湛纳希同样塑造了成吉思汗作为正统君王之品格:成吉思汗乃白色天神下凡,他降生时,"斡难河的水一连透明了三天";他称帝时,上天降下九种吉兆以示嘉许。他又是仁德贤明之主,在征服大漠众部落过程中,救贫济困,抚老恤幼,以德服人,一步步壮大自己的实力。如征讨仇敌塔塔尔部时:

当时,岱其古德部的其勒格尔布和、塔尔古岱等人横行霸道蹂躏仆民,仆民们忍无可忍,几十个人聚集在一起商议:"据珠赉部落的人说,勃特国的君主铁木真把自己穿的衣服送给别人穿,把自己骑的马让给别人骑,用自己的才能帮助别人,把自己的功劳归于别人。他人才出众,像拨开乌云的太阳一般;他出类拔萃,像春风融化冰雪一般,真是天界白帝降生的帝子。假如我们去投奔他,我们就一辈子享福。"人们纷纷传说,互相议论,一夜之间,便有两万多人离开岱其古德投奔勃特国②。

在伐金和西征过程中,他也时常嘱咐四个儿子要取民心。为此作者称颂他的称帝上符天命,下应人心。

历史上的成吉思汗一生杀戮甚众。他曾把塔塔尔俘虏中比车轴高的男人全部杀掉,伐金过程中曾进行大规模的烧杀、劫掠,西征后更有残酷的屠城事件发生。《青史演义》将这些血腥事件加以淡化,主要突出了成吉思汗仁德爱民的君王形象。

《青史演义》称得上是蒙古族的史诗,有着浓厚的蒙古族文化的特色,同时也深受儒家文化的影响;其写作风格既有传统蒙古史传文学的特征,又有《三国演义》等汉族历史小说的印痕。在中国历史小说史上具有独特的艺术魅力与特殊的文化价值。

① 彭利芝. 说破兴亡多少事——明清历史小说易代主题研究[M]. 北京:中国书店,2010.
② 尹湛纳希. 青史演义[M]. 呼和浩特:内蒙古人民出版社,2010:69.

《痛史》与《元史演义》的双重变奏

首都经济贸易大学文化与传播学院　彭利芝

近代以来,民族危机日益严重。在元开国史书写上,则出现了吴趼人的《痛史》与蔡东藩的《元史演义》,二者在对待元的态度上体现了不同的价值取向。

一、作为宋元易代史的《痛史》

《青史演义》以蒙文写成,最早的汉译本为 1985 年内蒙古人民出版社出版的黑勒、丁师浩汉译,王利器校订的《青史演义》。因此,可以说,《青史演义》在晚清近代以来,主要在蒙古族群中传播,广大的汉族读者难得一见。就汉语历史小说的写作而言,元开国小说事实上仍然是缺失的。

20 世纪初,随着国家危机的日益加剧,传统历史小说的创作自觉地与救国图存联系在一起。无论是域外题材历史小说的创作,还是本土题材历史小说的创作,兴亡成为一大主旋律。在这股风潮中,元开国史间接进入了汉语历史小说的写作。具体来说,就是吴趼人的《痛史》。

吴趼人一生创作了《痛史》《两晋演义》《云南野乘》三部历史小说。《痛史》于 1903 年 10 月起至 1906 年 1 月连载于《新小说》杂志。小说刊至第二十七回即辍,未再续写。《痛史》敷演的是南宋亡国之痛史,叙事起于宋度宗咸淳七年(1271)(元世祖忽必烈改国号为"元",至元八年),重点则在鞭挞误国之权奸,讴歌救国之英雄。南宋最终亡于元之手,换一个角度来看待这段历史,其实也是元中原王朝的开国史。就历史时期而论,《英烈传》叙事起于元顺帝至元三年(1337),《青史演义》止于窝阔台灭金后的宋理宗端平三年(1236)(元太宗八年),《痛史》正好弥补了忽必烈建立大元王朝的历史。当然,《痛史》毕竟是以南宋王朝覆亡的角度来行文的,因此并没有真正涉及元王朝的鼎兴。但就元开国史的小说书写而论,吴趼人在《痛史》中对元的态度成为一个值得探讨的文化现象。

《痛史》有着浓烈的"华夷之辨"的色彩,书中"中国""鞑靼国"对举,其他如"鞑子""游牧贱种"等饱含鄙夷色彩的词语频频出现。如张贵骂贼一段:

> 须知我张贵自祖宗以来,便是中国人;我自有生以来,食的是中国之米,踏的是

中国之土,心中目中何尝有个甚么"鞑靼"来!不像你是一个忘根背本的禽兽,只图着眼前的富贵,甘心做异种异族的奴隶。你去做奴隶倒也罢了,如何还要带着他的兵来,侵占中国的土地,杀戮中国的人民!我不懂中国人与你有何仇何怨,鞑子与你有何恩何德,你便丧心病狂,至此地位!难道你把中国人民杀尽了,把中国土地占完了,将一个堂堂大中国,改做了"鞑靼国",你张弘犯有甚么光荣么?①

其他如"像这种人(蒙古人),犹如畜生一般。莫说内里的学问,就是外在的举动,一点礼仪也不懂,居然也想入主中国,岂不要气煞人么!"(第十五回)。"原来蒙古是天生的游牧贱种,……猎了鸟兽,拿来当粮食。猎不着鸟兽,便蛇、虫、鼠、蚁也要吃的,所以叫做游牧"。(第二十七回)比比皆是。正是基于心中强烈的"华夷之辨",吴趼人对元的开国表现出了极度的轻蔑,他于小说第一回写道:

原来蒙古的酋长,姓奇渥温,自从宋宁宗开禧二年,他的甚么"太祖法天启运圣武皇帝",名叫"铁木真"的,称了帝号。(看官,须知蒙古本是游牧之国,铁木真虽是称了帝号,那时他还不知道这个"帝"字是怎么样写法,所以他虽建了许多甚么九游呀、八旗的。在那鄂诺河地方,即皇帝位。群臣却还是叫他"成吉思"。这"成吉思"三个字,在蒙古语里就是"皇帝"了。)他的称帝,虽是看着中国的样,却连年号也不懂得建一个②。

当然,小说主要表达了对汉奸卖国贼的愤懑与鞭挞,作者认为有了国度,就有竞争。优胜劣败,取乱侮亡,自不必说。假如没有苟且卖国之人,"虽敌人十二分强盛,总不能灭我之国"(第一回)。然而,"我们国人,没有血性的太多,往往把自己祖国的江山,甘心双手奉与敌人,还要带敌人去杀戮自己同国的人"。因此,作者重点描述贾似道等人卖国行径,以此借古鉴今。

吴趼人曾说:"余之撰《痛史》,因别有所感故尔尔。"③这"有所感"主要是感于当时的国家局势。在《痛史》创作前后,中华民族危机加重,琉球群岛被侵占、中日甲午战争爆发、台湾沦陷、八国联军攻陷北京、日俄战争在中国东北境内爆发、英国侵略军攻陷西藏拉萨、沙俄侵犯新疆的伊犁、蒙古等地……正是在这一形势之下,"新民"以"救亡"成为学界树立的大纛。具体到小说界,则有了梁启超"欲新一国之民,不可不新一国之小说"的主张。刊载《痛史》的《新小说》由梁启超主持,是"小说界革命"的喉舌。《痛史》深受"小说界革命"理论的影响,具有强烈的政治小说的色彩,宣教作用成为其首要功能。因此,《痛史》是作者对"鸦片战争到八国联

---

① 吴趼人. 痛史[M]. 上海:上海文艺出版社,1956:35-36.
② 吴趼人. 痛史[M]. 上海:上海文艺出版社,1956:2-3.
③ 吴沃尧. 两晋演义序,丁锡根《中国历代小说序跋集》(中)[S]. 北京:人民文学出版社,1996:943.

军几十年事件愤慨的总发泄,总暴露"①,其主要目的即借南宋覆亡的痛史,隐晦地表现了作者对清朝满蒙入主中原的不满,对西方列强侵占中国疆土的恶劣行径的愤懑,对卖主求荣之辈的鞭挞,寄托作者深切的爱国情怀。同时,使国民了解灭国的惨痛,知道"异族战胜本族的惨状",从而激发人们爱国的热情。

二、作为王朝史演义的《元史演义》

汉族作家蔡东藩(1877—1945)撰写的元史演义的补缺之作《元史演义》,最终在1920年出现。《元史演义》是一部元全史演义,以60回的篇幅敷演元王朝之兴亡,叙事起于成吉思汗的诞生,止于元顺帝的亡国,因此并不是真正意义上的元开国小说。《青史演义》以近六十章的篇幅叙述了成吉思汗的业绩,而《元史演义》则用了短短十五回加以敷演,其简略是显而易见的。因此,总体而言,该书叙事力求周全而生动不足,于主要人物的刻画也略显简单。

蔡东藩《元史演义》的出现,同样是蒙古史学发达的产物。尹湛纳希一生居于卓索图盟土默特右旗,其创作《青史演义》主要依据家族藏书。虽然蒙汉文化交流频繁,但不一定能及时获取当时最新的元史研究资料,特别是对后来翻译的元史著作更无缘一见。而对于蔡东藩来说,获取资料的范围显然更为宽泛。蔡东藩曾在杭州一满族人家中任教,其家藏书极丰,任他博览深究;而且民国时期的杭州等江南城市,出版业发达,蔡东藩有幸涉猎大量东西洋史籍译本。蔡东藩从1916年到1926年,先后撰写了清、元、明、民国、宋、唐、五代、南北朝、晋、前汉和后汉通俗演义,没有丰赡的史料为基础,显然是难以完成的。其首先撰写的《清史演义》,乃是有感于时局而作,也是史家之补缺之作。选择《元史演义》,与作者面对纷繁的蒙古史料,欲补元史之阙如的心态有关:

> 古史之美且备者多矣,而元史独多缺憾,非史官之失职也,文献不足征耳。……厥后商辂等续撰《纲目》……其阙漏固犹昔也。他若《皇元圣武亲征录》,记太祖、太宗事,元秘史亦如之,语仍鄙俚,脱略亦多。《丙子平宋录》,记世祖事,《庚申外史》,记顺帝事,一斑之窥,无补全史。而《元朝名臣事略》,暨《元儒考略》等书,更无论已。自明迄今,又阅两朝,后人所作,可为元史之考证者,惟《蒙鞑备录》、《蒙古源流》及《元史译文证补》等书。……本年春,以橐笔之暇,偶阅东西洋史籍译本,于蒙古西征时,较中史为详,且于四汗分封,及其存亡始末,亦足补中史之阙,倘所谓礼失求野者非耶?不揣谫陋,窃欲融合中西史籍,编成元代野乘以资参考②。

---

① 阿英. 晚清小说史[M]. 北京:东方出版社,1996:176.
② 蔡东藩.《元史演义》自序[M]. 上海:上海文艺出版社,1981:1-2.

作者认为,其作品"是足以补中西史乘之缺,不得以小说目之"。因此,"于元代先世及深宫轶事,外域异闻,凡正史之所已载者,酌量援引,或详或略,正史之所未载者,则旁征博采,多半演入"①。

基于这一创作宗旨,《元史演义》体现出与《青史演义》和《痛史》不同的审美旨趣。《青史演义》因作者黄金家族的出身而对元开国史特别是成吉思汗的形象加以美化,而《痛史》则因作者的借题发挥而对元开国大加贬损,而《元史演义》则以"以正史为经,务求确凿,以轶闻为纬,不尚虚诬",更多地遵循史家的"事皆有本,不敢臆造"的实录原则。在具体行文中,作者对元的开国并无贬斥之意。如作者认为,中国历史上虽然戎狄蛮貊曾入寇中原,五胡契丹女真也曾横行腹地,但终不能统一中国。而元入主中原,竟然做了八十九年的中国皇帝,这实在是有史以来的创举②。作者对成吉思汗的称帝丝毫没有鄙夷轻视之意:

帖(铁)木真大会部族于斡难河,建着九斿白旗,顺风荡漾,上面坐着八面威风的帖木真,两旁侍从森列,各部酋先后进见,相率庆贺。帖木真起坐答礼,各部酋齐声道:"主子不要多礼,我等愿同心拥戴,奉为大汗!"帖木真踌躇未决,合撒儿朗声道:"我哥哥威德及人,怎么不好做个统领?我闻中原有皇帝,我哥哥也称着皇帝,便好了!"部众闻言,欢声雷动,统呼着皇帝万岁!只有一人闪出道:"皇帝不可无尊号,据我意见,可加'成吉思'三字!"众视之,乃是阔阔出,平时好谈休咎,颇有应验。遂同声赞成道:"很好!"帖木真也甚喜欢,遂择日祭告天地,即大汗位,自称成吉思汗。"成吉思"三字的意义:成者大也,吉思,最大之称③。

作者在第十五回还高度评价了成吉思汗"南征北讨,所向克服……灭国四十,遂平西夏"的业绩,更客观分析了他"乘时崛起,削平各部。武如四杰,文如耶律楚材,又皆任用得当,就是所立兵制,亦比众不同"的原因,称赞其为"一世之雄也"④。这与《痛史》第一回形成了鲜明的对比,体现了作者较为开明的华夷观念。蔡东藩认为,虽然"华夷混杂,宇宙腥膻",是中国历史上可悲可痛的乱事。但"其实华人非特别名贵,夷人非特别鄙贱,如果元首清明,统御有方,再经文武将相,及州郡牧守,个个是贤能廉察,称职无惭,就是把世界万国联合拢来,凑成一个空前绝后的大邦,也不是一定难事,且好变做一大同盛治了"。"历朝外患,往往从内乱引入,内

① 蔡福源. 蔡乐藩及其撰写的《中国历代通俗演义》[J]. 文史精华,1998(4).
② 蔡东藩. 元史演义[M]. 上海:上海文艺出版社,1981:1.
③ 蔡东藩. 元史演义[M]. 上海:上海文艺出版社,1981:74 – 75.
④ 蔡东藩. 元史演义[M]. 上海:上海文艺出版社,1981:114,116.

乱越多,外患亦趋深",不能将治乱简单归罪于华夷之大防①。

　　蔡东藩的历代通俗演义创作于中国传统思想与现代学说相互激荡的民国时期。蔡东藩早年热衷科举力图"清官救国",后践行"教育救国"理念,再受"小说界革命"理论的影响埋首于历史演义的写作。传统的民族意识、国家意识对其影响甚深,但辛亥革命、中华民国的成立等使他看到了人民的力量,向人民普及历史知识,让他们从历史的借鉴中汲取拯救中华的精神力量,成为其创作历史小说的主要动机。

　　《元史演义》出版后,曾风行一时。新中国成立后,《元史演义》的发行也蔚为可观,1979—1985 年,上海文艺出版社再版 4 次,印数累计 20 万册以上。然而,与发行量形成强烈反差的,则是小说研究界对该作品的忽视。从小说艺术而言,该书确实存在诸多不足。但假如从元小说创作史来考察其文化价值,则仍有较大的研究空间。

---

① 　蔡东藩. 两晋演义[M]. 上海:上海文艺出版社,1981:1.

问世间情是何物

——《红楼梦》十大爱情悲剧赏析

中国艺术研究院　子　卉

尽管《红楼梦》曾在"死活读不下去"排行榜上名列第一，但还是有无数痴迷于它的人深陷其中，尤其喜欢沉浸于宝黛钗的恋爱婚姻故事中忧心忡忡，不知该更为谁悲哀。其实，大可不必。在今天网络、通信发达的现代社会中，我们都无法看清那些纷纭故事背后的离合真相，何必那么执着于贾宝玉究竟喜欢谁、林黛玉到底有多少家产、薛宝钗的金蝉脱壳有没有故意嫁祸的嫌疑……这些即使探佚也无法得出的结论呢！

在此，让我们努力回到文本自身，去领略更精彩的故事，尤其是那些风花雪月的爱情。在这个浮躁的时代里，爱情、婚姻……都有可能变成"快餐"的潜质，是时候来看看曾经的山盟海誓了！由此，我们总结了《红楼梦》中的十大爱情悲剧（不包括婚姻悲剧），或许可以让一些追忆、感慨或迷惘"问世间情是何物"的人们在某个安谧的深夜静静地思考一下吧！

一、"天上掉下个林妹妹"——林黛玉与贾宝玉

林黛玉是金陵十二钗之首，母亲是贾母最钟爱的女儿贾敏，父亲是扬州巡盐御史林如海，不仅是钟鼎之家，也是书香门第。林黛玉聪明清秀，琴棋书画样样精通，可惜幼年丧母，不得不依舅家而居，因此得以与宝哥哥同行同坐、同息同止，耳鬓厮磨，展开了一场动人心魄、缠绵悱恻的爱情悲剧，深情演绎出宝黛之间的种种若即若离、欲说还休以及彼此之间的互相试探。身为大家闺秀，黛玉绝不可能像龄官一样随随便便就在地上痴痴地画出无数个"蔷"字，淋了雨也不知道。黛玉是娇羞的，尽管大观园中只有宝玉一个知己，与宝玉的爱情是她生命的动力，尽管她一直忧虑无人替自己的终身做主，可二人一直冰清玉洁。宝玉即使偶尔忘情，在黛玉面前来点打情骂俏也会以黛玉哭哭啼啼地说受了欺负、要去舅母面前告状而告终。三月里的一天，宝黛二人在桃花树下看《西厢记》，此情此景下，宝玉忍不住说了句："我就是个'多愁多病身'，你就是个'倾城倾国貌'。"谁知黛玉登时竖眉瞪眼，

含怒带嗔,指着宝玉说道:"你这该死的胡说!好好的把这淫词艳曲弄了来,还学了这些混话来欺负我,我告诉舅舅舅母去。"宝玉只好又陪了百般不是,才化解了危机。这种小插曲不胜枚举,幸亏宝玉惯能做小伏低,太注重男子气概的人估计还真做不到这一点。二人的恋情在磕磕绊绊中向前发展,直到黛玉私下听到了宝玉在湘云面前赞扬自己,终于确定了宝玉的心意。尽管知道宝玉心里有"'妹妹',但只是见了'姐姐',就把'妹妹'给忘了",但黛玉却再也没有介意同样出色的薛宝钗、史湘云。此后,黛玉在宝玉爱情的滋润下在大观园中出色地发挥了自己的诗才与口才,几次在诗社中夺魁。可惜,自古红颜多薄命,没有强大家族做后盾的林黛玉最终没能进入贾母为宝二爷择妻的"法眼",没能成为宝二奶奶。

宝黛爱情既有男女主人公的相识相知,浓情蜜意,又有小儿女的青梅竹马、纯真无邪,而最终林黛玉焚稿断痴情、饮恨而终,恰是贾宝玉被摆布、错娶薛宝钗之时,这种大悲大喜的故事张力实在很考验我们的耐力。花团锦簇中的贾宝玉最终悬崖撒手,抛弃娇妻美妾,毅然出家了。因此,宝黛二人故事当之无愧为《红楼梦》中十大爱情悲剧之首。

二、"我就是他的人了"——司棋与潘又安

司棋姓秦,是迎春的丫鬟。她与潘又安的爱情算得上是《红楼梦》中轰轰烈烈的。司棋的样子,曹雪芹没明确说,只说她"品貌风流""高大丰壮"。司棋是迎春的首席丫鬟,我们知道迎春被称为"二木头",拿根针戳一下也不知"哎哟"一声,屋里丫鬟婆子闹成一锅粥,她也只是拿着《太上感应篇》在看。在这样懦弱的主子下,司棋再不是个硬茬,她们的日子可想而知。幸亏司棋泼辣能干,还记得她大闹小厨房吧,只因柳嫂子给个鸡蛋不利落,而且说三道四的,她便带一帮小丫头来到厨房,二话不说,就下令:"凡箱柜所有的菜蔬只管丢出去喂狗,大家赚不成。"泼辣干脆,天不怕地不怕,很有大姐大的派头。

潘又安是贾府的小厮,二人从小一处玩笑起住,小儿戏言,便都定下将来不娶不嫁。随着年纪的增长,彼此又都出落得品貌风流,常在司棋回家时,二人得以见面,便眉来眼去,旧情不忘;又生怕父母不从,便设法彼此里外买通了园内老婆子们留门看道,以便幽会。谁知第一次会面,才刚刚山盟海誓、互传表记,便被鸳鸯惊散了。结果,小厮害怕逃走,司棋本就心怀鬼胎,坐卧不宁,又听说表哥逃走,更是气个倒仰,恨他没情意,又羞又气,竟成了大病。幸亏鸳鸯适时前来劝解,说绝不会告诉任何人,你千万别送了自己的小命。本来也就没事了,过段时间,潘又安回来,虽然免不了口舌之费,但二人将来也还算光明。谁知,傻大姐误拾绣春囊,引起了抄

检大观园,在司棋那里抄出来一双男子的锦带袜并一双缎鞋,还有一个同心如意并一个字帖儿。这还了得,司棋很快就被逐出了大观园。令人惊异的是司棋当时的态度,面对众人的羞辱,司棋只是低头不语,也并无畏惧惭愧之意。

司棋被逐,未免不是好事,等潘又安回来,一切不就解决了。谁知真等潘又安回来了,司棋母亲却起了倔劲,死活不将女儿给他。司棋也不含糊,一头撞在墙上,把脑袋撞破,鲜血直流,竟死了。这时潘又安才说自己在外头原发了财,因想着司棋才回来,心也算是真了。可又怕女人只知贪图银钱,如今才知司棋只为人,因此,把司棋收拾好,也不啼哭,眼错不见,把带的小刀子往脖子上一抹,也就抹死了。世事总是难料,假如司棋的妈没这么犟,假如潘又安能早点拿出自己的银子来,假如司棋别这么刚烈……那么,事情的结局将完全是另外一种。可惜,一切都不能假如。

光彩四溢的司棋是《红楼梦》中爱得最大胆、最热烈、最刚性的女子,可惜,她喜欢的潘又安是个胆小而又有自己小算盘的小子。幸好,潘又安还算真喜欢司棋,也不枉司棋把自己的一辈子都交给了他。

三、"揉碎桃花红满地,玉山倾倒再难扶"——尤三姐与柳湘莲

尤三姐是宁国府贾珍妻子尤氏的妹妹(无血缘关系),风流标致,性格刚烈。贾敬死的时候,正赶上贾珍外出,府里缺少人手,尤老娘便带着自己两个未出嫁的女儿尤二姐、尤三姐前来帮忙,与贾府的爷们就此混熟了。在贾琏偷娶了尤二姐后,贾珍也想占尤三姐的便宜,谁知却被她狠狠嘲弄了一番,再也不敢轻易就来。

其实,尤三姐五年前就爱上了柳湘莲。这人虽标致,却最是冷心冷面,最和宝玉合得来。因为打了薛蟠,远逃他乡。三姐发誓,非湘莲不嫁,几年来,一直等着他。"若有了姓柳的来,我便嫁他。从今日起,我吃斋念佛,只伏侍母亲;等他来了,嫁了他去;若一百年不来,我自己修行去了"。这份幸福的向往让她不再放浪形骸,竟换了一个人。昨日种种已死,她要用全新的姿态等待幸福的来临。

也是机缘凑巧,不久,贾琏就碰见了柳湘莲,并说定了亲事,还拿到了柳家的祖传之宝一把鸳鸯剑作为信物。三姐喜出望外,将剑挂在自己绣房床上,每日望着剑,自喜终身有靠。可惜,柳湘莲越想越觉得此事有些不妥,一来想不通自己为何会入尤三姐的眼,二来贾琏再三要信物,难道女家反赶着男家不成?因此找宝玉打听,宝玉称三姐是绝色,更引起柳湘莲的怀疑,"你怎知是绝色?""我在那里和她们混了一个月,怎么不知?真真一对尤物,她又姓尤。"柳湘莲彻底不干了,"你们东府里除了那两个石狮子干净,只怕连猫儿狗儿都不干净。我不做这剩王八。"

打定主意,柳湘莲来找贾琏退定,谎称姑母已为自己定了亲。终于将柳湘莲盼来的尤三姐等来的却是如此噩耗,不由泪如雨下,一面说着"还你的定礼",一面右手持剑回肘往项上一横,立时"揉碎桃花红满地,玉山倾倒再难扶"。只留下了悲痛后悔的柳湘莲,一个劲地想着原来尤三姐如此标致,又如此刚烈。剪不断,理还乱,最终削尽万根烦恼丝,不知所终了。尤三姐的绝代风华就这样惨烈地消失了。本该一桩好姻缘,却因为柳湘莲的过度猜忌而灰飞烟灭。我们没有权利谴责任何人,只能叹息,还是叹息!为三姐,为湘莲。

四、画"蔷"千遍也不厌倦——龄官与贾蔷

元妃省亲,贾蔷奉命去姑苏采买了十二个女孩子回来学戏,龄官就是其中之一。因此龄官一开始就与贾蔷联系在一起,或许二人一见钟情也说不定。龄官长得很美,眉蹙春山,眼颦秋水,面薄腰纤,袅袅婷婷,大有林黛玉之态。她对贾蔷算得上神痴意迷,曾在蔷薇花架下用金簪在地上痴画了几千个"蔷"字,被骤雨淋湿尚不知觉,连宝玉都觉得她心里不知怎么煎熬呢!贾蔷也报以款款深情,当初贵妃省亲,龄官得到了青睐,并被要求再作两出时,贾蔷想要她做《游园》《惊梦》二出,可龄官因为这不是本角的戏,不肯做,定要做《相约》《相骂》。贾蔷扭不过她,只好依了她。当时我们还不知二人的关系,只觉得龄官很有个性,后来再看,似乎也不能埋没了贾蔷的因素。

一日,贾宝玉想起梨香院十二个女孩子中小旦龄官最是唱得好,因此来找。谁知龄官倒在床上,纹风不动,当宝玉在龄官身边坐下时,龄官立即抬身起来躲避,又说嗓子哑了不能唱。宝玉不知何故,众人都说蔷二爷让她唱是必唱的,并说蔷二爷给龄官变弄她要的东西去了。宝玉以为奇特,后贾蔷买来雀儿,想替龄官解闷,众人皆笑有趣,只有龄官冷笑,说贾蔷拿雀儿打趣她,又指责贾蔷不关心她,把贾蔷弄得只知赔笑,慌忙赌身立誓,又是放生,又要请大夫,龄官却又说站住,这会子大毒日头底下,你赌气去请了来我也不瞧。这曲曲折折的情感,不仅让宝玉不觉痴了,就连我们也看得神痴意动,龄官的心中究竟要承受多大的煎熬,才会如此自尊善变。当时他们的爱情有滋有味,可我们不敢去想他们的这一段爱情会有怎样的结局。尽管贾蔷一心都在龄官身上,可她是一个戏子,而且将贾家看作是牢笼,可自己深爱的人是在这个牢笼里的。假如她不是这么有个性,那事情或许会好办得多。

朝中老太妃薨了,各府不得宴乐,官宦人家将所养优伶男女一概遣发。贾府中买来的十二个伶官,愿意回去的,叫父母来领回去,有不愿回去的,就留下。留下的人中没有龄官,愿去者只四五人,曹雪芹也没有交代她们的名字。有人说龄官咯血,早就死了,可我们宁愿相信龄官是离开的人中的一个,她是那么清醒,尽管与贾蔷有着热烈的爱情,可当她能离开贾府这个牢笼时,她义无反顾,毫不留恋。

五、"老鸦窝里出凤凰"——张金哥与守备之子

张金哥是长安县张大财主之女,已受了原任长安守备之子的聘定。谁知有一年往善才庵内进香时,被长安府太爷的小舅子李衙内看上,一心要娶金哥。张家一开始说已有了人家,可李衙内不依,非娶不可。张家左右为难,此时守备家听了此信,不分青红皂白,前来作践辱骂,说一家女许几家人,偏不退定礼,并打起了官司。张家也急了,偏要赌气退定礼,并上京来寻门路。在静虚老尼的怂恿下,王熙凤让来旺儿假托贾琏之名修书一封给长安节度使云光,调停此事。结果,守备忍气吞声地退了聘。谁知,张家父母贪财爱势,养的女儿却知义多情,闻得父母退了前夫,便一条麻绳悄悄上吊了;而守备之子也不薄幸,是个极多情的,于是也投河而死,不负妻义。凤姐不仅致死人命,而且坐享三千两。难怪批语说"凤姐恶迹多端,莫大于此件者",并夸赞张金哥是"老鸦窝里出凤凰",应该是金陵十二钗副册中的人物。

严格来说,张金哥与守备之子的爱情故事只是个遥远的虚景,模糊的影子,他们是否见过面,是否有过约定?一切都不得而知,在这个与焦仲卿、刘兰芝的结局如此相似的故事里,没有细节,只有结局的凄婉与悲凉。如果给他们笔墨,相信肯定也是个精彩的故事。

六、"最厌女子,仍为女子丧生"——甄英莲与冯渊

甄英莲本是甄家的掌上明珠,可元宵节那天被家里的仆人霍启抱着去看社火花灯,因霍启小解而被拐子拐去,养大后再卖。就在这时,英莲遇见了冯渊。

冯渊是应天府一个小乡宦之子,自幼父母双亡,又无兄弟,守着些薄产过日子。长到十八九岁上,酷爱男风,最厌女子。也许是命中注定,这样的冯渊竟对英莲一见钟情,立意买来做妾,立誓再不交结男子,也不再娶第二个了,所以三日后方过门。假如没有动真情,冯渊行事不会如此郑重其事。只有真正遇上了自己心仪的女孩子,最厌女色的人才会彻底改变自己。而英莲对冯渊应该也是满意的,否则她不会说"我今日罪孽可满了",也不会在听冯渊说三日后才过门时有忧愁之态,我们不否认对英莲来说有终于脱离苦海的成分,可她若对冯渊不满,那就是从一个火坑进入另一个牢笼,没什么喜悦而言。谁知,世事难料,好事多磨,拐子又在第二天将英莲卖给了薛蟠,想卷了两家的银子走人。结果人不曾走脱,而两家买主也都不

肯收银,只要领人。薛家财大气粗,薛蟠又任性使气,喝令手下人将冯公子打个稀烂,扬长而去。好好一桩姻缘,就这样风云流散了。今天的我们看来,宁愿冯渊没这么讲究,所谓"事迟则变",为何不当日就过门,何必在意形式?以致公子无命,佳人流离。只是不知在英莲的心底里,是否还会偶尔闪过那个对她一见钟情、为她失去了生命的人?

七、"除非等我出了这牢坑,离了这些人,才依你"——智能儿与秦钟

智能儿是水月庵的小尼姑,经常到贾府玩耍,她的师傅就是唆使凤姐图财害命的静虚,我们很难想象智能儿可以从她那儿得到什么温暖,她们其实就是被拐来做活使唤的,因此,智能儿把所谓的佛门净地称为"牢坑"。经常到贾府的智能儿爱上了同样经常出入贾府的秦钟。她爱他人物风流,他爱她秀美妍媚,二人早已情投意合。

两个人爱得很大胆,在贾府老太太屋里,一个人没有的时候,秦钟也敢搂着智能儿,更别说到了智能儿的地盘水月庵了。遗憾的是,二人对情感的需求不对等。在某种程度上说,智能儿对秦钟更多是情感的依赖,当秦钟只想求欢时,智能儿跺着脚说这算什么,什么时候出了这牢坑,离了这些人,才依你。足可见智能儿对摆脱生存环境的渴求与对未来终身有靠的期盼。可秦钟此时却只想满足自己身体的欲望。最终,智能儿妥协了。三日的庵中幽会,多少幽期密约,百般不忍,俱可想象。也许正在智能儿向往未来的美好幸福时,可身体孱弱的秦钟却因受了些风霜,便咳嗽伤风,懒进饮食,只得静养。谁知痴情的智能儿逃出水月庵,前来探视患病的秦钟,却被秦钟之父秦业发觉,遂将智能儿逐出,将秦钟打了一顿,自己也气得一命呜呼。秦钟悔痛无及,更添了许多症候,弥留之际仍记挂着智能儿尚无下落,也算痴情了。

智能儿不知去向,秦钟命丧黄泉,但他们也算爱过、笑过,没有白来世上一遭。

八、"我拿什么谢他呢?"——小红与贾芸

小红,姓林,为林之孝之女,小名红玉,因"玉"字犯了宝玉,便改叫"小红"。小红容长脸面,细巧身材,一头黑鬒鬒的头发,十分俏丽干净。身为大管家之女,小红在怡红院却很受晴雯、麝月等人的排挤,偶尔抓住机会,给宝玉倒了杯茶,就被骂做"没脸的下流东西""你也照照镜子,配递茶递水不配"!心高气傲、原本打算在宝玉面前现弄现弄的小红不由心灰了一半。

可小红是聪明的,也是大胆的,她不仅在凤姐的临时抓差中表现出色,得到了

管家奶奶的肯定,成功从怡红院这个备受冷落与寂寞的地方跳槽到了凤姐处,而且在与贾芸的几次见面中看准时机,大胆出击,与本家爷们有了交流感情的机会。小红第一次与贾芸见面,是在贾母那边仪门外绮霰斋书房外,小红下死眼把贾芸盯了两眼,并以自己的说话简便俏丽给贾芸留下了深刻印象与好感。此后因宝玉、凤姐受到了马道婆的魔魔法,两人有机会相见而渐渐混熟了。等二人再在蜂腰桥相见时,因有坠儿在场,二人无法交谈,于是贾芸一面走,一面拿眼把红玉一溜,而红玉也装着和坠儿说话,把自己丢手帕的信息传递给了贾芸,同时把眼去一溜贾芸:四目恰恰相对,红玉不觉脸红了,一扭身往蘅芜院去了。再后来,贾芸将自己的手帕通过坠儿给了小红,小红不仅默认了贾芸的手帕是自己的,而且又把自己的手帕当作谢礼让坠儿交给了贾芸。自此,小红与贾芸已经算是交换过定情信物了。如何?丫鬟的爱情也很有味道、很纯净吧!可惜,小红最终在茫茫人海中失落了,我们不知她在凤姐处有何作为,也不知她与贾芸最终结局如何。按照脂砚斋批语,应该是二人不仅结为夫妇,而且在宝玉、凤姐狱神庙事件中出了大力。但愿如此,《红楼梦》中的爱情悲剧已经太多了,留一抹亮色吧!

九、彩云易散——彩云与贾环

彩云是王夫人的大丫鬟,细心安稳,经管着太太的一切东西,老爷出行的安排也是她提醒太太。贾府的丫鬟大都把眼睛盯着秀色逸人的宝二爷,没几个喜欢庶出的贾环,可这个彩云不知哪根筋不对,就是喜欢贾环。

彩云常常劝贾环,好好点,别惹得人人厌恶,更为了贾环,趁王夫人不在家之际,偷拿玫瑰露给他。可惜环儿这个没造化的种子不仅不领彩云的情,在事情闹出来之后,把彩云私赠之物都拿了出来,照着彩云的脸摔去,还说要去凤姐那儿告状,气的彩云把东西都丢到了河里。当然,贾环对彩云也有好的时候,比如,在怡红院听见宝玉、芳官说擦春癣的蔷薇硝,就死皮赖脸要了一点,兴兴头头拿回来给彩云,虽然被彩云认出只是茉莉粉,但心意还是有的。

彩云与贾环的事情不是大观园里的秘密,几乎所有的人都知道,金钏儿就曾对贾宝玉说"我倒告诉你一个巧宗儿,你往东小院子里拿环哥儿同彩云去",刚说完这句话,王夫人就醒了,并把金钏儿赶了出去,所以我们猜王夫人应该也知道。至于她对这件事什么态度,我们不知道,只知王夫人是特别讨厌贾环的,她能把自己贴身大丫鬟送给贾环?

彩云就像小红一样,也是云深不知处,踪影全无了。但书中后来又提到了一个彩霞,而且她也与贾环好,因此很多人就认为这个彩霞就是彩云。可惜彩霞也很惨,虽年龄大被放了出来,却被旺儿倚仗凤姐的势力强说给了自己酗酒赌博、容颜丑陋、一技不知的儿子。而贾环也不甚在意,认为不过是个丫头,这个去了,将来自然还有。

彩云彩霞皆易散啊!

十、不要银子只要妻——尤二姐与张华

尤二姐是尤老娘和前夫的女儿,早在尤老娘还没嫁给尤氏的父亲时,就已经把尤二姐许给了皇粮庄头张家,而且是指腹为婚。后来张家遭到官司败落了,而尤老娘又嫁到了尤家,十数年间,两家音信不通,因此,尤老娘时常抱怨,要与张家退婚,而贾珍也打算把尤二姐转聘。只等着有了好人家,给张家十几两银子,写一张退婚的字儿完事。

算盘打得不错,也得亏这个张华也确实惹人讨厌,虽然才十九岁,却成日在外嫖赌,不理生业,家私花尽,被父亲赶出,自己在赌钱厂存身。父亲已接受了尤老娘的退亲钱,他倒还不知道。其实张华哪有胆子去告贾家,没了老婆他才不会在乎呢,有银子就行。可在凤姐的唆使下,张华竟像痴情种一样,不要银子,只要亲事。幸亏他还算知足,得了贾蓉、凤姐等处的银子,与父亲溜之大吉。后来凤姐为保住自己声誉,派旺儿务必找个由头,将张华治死,旺儿还算有点良心,谎说张华已被打死,才算完事。

尤二姐与张华的故事放在这里,颇有点滥竽充数之嫌,不过,二人毕竟是指腹为婚,假如贾琏没中间横插一杠子,尤二姐不还得嫁给张华吗?

也许,有人认为我们所说的十大爱情中有些认真分析起来,算不得真正的爱情。不过在那个时代,曹雪芹能建造这么一座大观园,给生活其中的少男少女们提供一个上演感情故事的舞台,展现他们的青春与毁灭,让此后的人们能在尘封的历史中感慨那些曾经的或美好,或刚烈,或痴情,或功利的情意,假如对我们今天的生活有一点启示,那都是值得借鉴的资本。

文坛上的拿破仑
——巴尔扎克和他的创作

首都经济贸易大学文化与传播学院　朱　琳

1799 年,正是法兰西共和国将领拿破仑率军远征、叱咤风云的时候。当年 5 月 20 日,图尔城的教区文书,漫不经心地为城中刚诞生的一个男婴奥诺雷·巴尔扎克开具了出生证明。他无论如何没有想到,这个婴孩将成为新的拿破仑,只不过这位拿破仑征服世界用的是笔而不是剑。

一、我要当作家

巴尔扎克生来就是一个不安分的人,甚至连家族传给的姓氏亦不能接受。出生 30 年后,尽管无谱系可查巴尔扎克在姓氏上添加了标识贵族出身的"德"字,堂而皇之地冒充起贵族。这点说来也算是子承父德。巴尔扎克家族本姓一个普通农民的姓氏——巴尔萨,到巴尔扎克父亲便奇妙地变成了有资产阶级气息的巴尔扎克。如果说巴尔扎克姓名的贵族化为他父亲脸上添光加彩,那么他对自己生活道路的选择,则违背了老巴尔扎克的本愿。

出身农家的老巴尔扎克在 20 岁时闯荡图尔城,借大革命之机钻营发财,后来又娶了财界新贵萨兰比哀的女儿为妻。长子奥诺雷出生时,老巴尔扎克夫妇已是图尔城的知名人士。他们的年龄、性格和情趣相去甚远,但都崇尚金钱地位,教育孩子以名利上的成功为生活目标,却很少给予他家庭的温馨和挚爱。

在经历了备受学校和家庭压抑的童年后,1814 年,巴尔扎克随全家迁往巴黎,又进入他不喜欢的寄宿学校学习。1816 年,他成了索尔本学院的法科大学生。对父母而言,他的前程已定:当生财有道的律师或公证人,成为和他父亲一样受人尊敬的资产者。但是,从未显示过文学才华的巴尔扎克突然宣布要当作家。

巴尔扎克的决定并非心血来潮,他身处思想活跃的大学区,耳闻目睹时局动荡、思想论争,学习着,思索着,希望通过写作来表达自己的思想和感情。更重要的是,人生欲求强烈、生命热情旺盛的巴尔扎克,一直向往不平凡的生活,渴望成为伟人。他不愿在事务所的琐事中消耗自己,而要投身更伟大的事业。文学事业为他奔腾洋溢的激情、活跃丰富的想象提供了驰骋的疆场,法国历代文学名家为他树立了光辉的榜样。

放弃有保障的职业从事冒险的卖文生涯,是巴尔扎克家人难以理解和接受的抉择。此时家中越来越糟的经济状况,也需要做儿子的尽早谋生赚钱。巴尔扎克同家庭特别是同母亲的抗争,为他争得了两年试验期,在莱迪盖尔街 9 号破旧楼阁里开始了文学创作生涯。巴尔扎克没有想到,这个实验期竟是漫长而艰难的十年!

二、我的勇气总是战胜我的不幸

在寂寞、清苦的日子里,巴尔扎克发愤读书和写作。1820 年,巴尔扎克揣着手稿来到父母家中,听候父母请来的有教授和作家头衔的安德烈先生对他艺术才能的裁决,而后者看了他呕心沥血的处女作后,给了"彼之时光如移用他处,尤较写作悲剧与喜剧为佳"的劝告。

巴尔扎克没有沮丧气馁,而是继续努力,他相信自己的才能,更忠于自己的信仰。写作诗剧失败后,他决定写一些迅速盈利的散文,以摆脱经济上对父母的依赖。

当时,与大革命后人们试图忘却酷烈斗争、寻求精神逃逸的心理相适应,神怪通俗小说、浪漫情调的心理小说和言情小说广泛流行,巴尔扎克开始写作言情小说。尚未成功,父母便通知他试验期已满,于是他不得已与市侩作家莱格列维尔开始合作,制造以迎合读者、盈利为目的的作品。他痛苦地告诉妹妹:"我希望靠着写小说发财致富,这有多么堕落!为什么我没有 1 500 法郎的年金,使我能够体面地工作!可是,我总得独立起来。为此,就只有用这样的方法。"后来他在《人间喜剧》前言中否认了这些用笔名的文学垃圾是他所写的,声明用自己真名发表的作品才是他创作的。

巴尔扎克为了不再被迫写作而拼命写作,为了不再为金钱所累而竭力挣钱。在疯狂地写作挣钱的同时,他试图经商。但这个把艺术家的热情和幻想用于经商的人,无论作为出版商、印刷商,还是铅字铸造厂的工厂主,都破产了,3 年经商生活给他带来的是 6 万法郎的巨债。

或许他还是赢得了一笔财富,在金钱社会漩涡里挣扎了一遭,他对生活有了深入的体验和深刻的理解,有了新的创作冲动。对于艺术家,是无价的财富。艺术家的不幸往往是艺术的大幸。如果巴尔扎克经商成功了,法国只会多一个平庸的商人,世界文坛却失去一个伟人。当他坐在陋室里又开始写作时,他的笔下流淌出的不再是神秘凶杀、"鸳鸯蝴蝶"类的消遣文字,而是描写现实生活的真实篇章。

"在我的一生中的每一个时期,我的勇气总是战胜我的不幸"。巴尔扎克身负巨债,忍受着贫穷,在大量的案头工作和考察后,他怀着艺术家的责任感认真写作、修改,于1892年3月出版了《最后的舒昂党人》,第一次署上了他的真名。小说以法国大革命时期布列塔尼封建势力武装叛乱反对共和国为题材,虽在情节上还有言情小说的痕迹,但已表现出现实主义的创作风格和力量。这是他艺术道路的真正开端,此时他正值而立之年。

三、我等着欣赏他们的惊讶

1830年,巴尔扎克编成了两卷本的《私人生活场景》,包括大量中短篇小说,两年后扩大到4卷。3卷本的《哲理故事和小说》出版后不久又有《新编》。这个以成为文坛拿破仑为宏愿的年轻人要构筑自己的文学王国,使作品不是杂乱无序的散著,而是成为贯穿相连的整体。他说:"让那些鼠目寸光的人选择叫我幻想家吧,等到我现在正为它磨光石头的巨厦突然出现在他们面前时,我等着欣赏他们的惊讶。"1834年动笔创作的《高老头》,是巴尔扎克在统筹规划思想指导下完成的第一部名篇,也是使用"人物再现法"的第一部作品。人物在多部作品中一再出现,使作品内容仿佛有了"连锁反应",人物性格发展全过程得以展现,作品之间架起了有机联系。一块块石头已经磨光垒起,一座文学大厦初具规模。

受但丁的《神曲》(原名《神圣的喜剧》)的启示,作家决定把他的文学大厦命名为《人间喜剧》。1842年,作家发表《人间喜剧·导言》,全面阐述自己的创作宗旨和现实主义观点,决心要为法国社会写一部艺术化的风俗史。1845年,作家写了《人间喜剧总目》,把作品分为"风俗研究""哲理研究""分析研究"三大部分,作为主干部分的"风俗研究"又分为私人生活、外省生活、巴黎生活、政治生活、军旅生活和乡村生活六个场景。作家计划写140余部作品,尽管最终只完成90余部,但这座文学大厦已巍然矗立。作品中活动着2 400多个人物,上至达官贵人,下至工匠农夫,贵族、资产者、政客、神职人员、艺术家、记者、演员、军人、苦役犯、妓女和大学生等社会各阶级、各阶层的人物都登台亮相。场景从巴黎到外省,城市到乡村,豪华沙龙到下等公寓,喧闹嘈杂的交易所,阴森肃穆的修道院,令人目不暇接,叹为观止。

巴尔扎克一生受发财欲望和无穷债务的纠缠,看周遭的人们也是在金钱的海洋里沉浮,资产阶级暴发户挟财富之威向贵族阶级步步紧逼,他把自己在金钱社会里痛苦的体验、悲愤的感受凝聚在笔尖上,成为"注意到人们生活中经济情况的重要性的第一位小说家"(英国作家毛姆语)。《高老头》中名媛贵妇鲍赛昂子爵夫人终没能战胜有 20 万法郎陪嫁的暴发户小姐而被情人抛弃,凄凉地退隐乡下;高老头被两个女儿榨干钱财后,在破旧的阁楼上孤独地死去,连入土还是靠两个穷学生筹资;大学生拉斯蒂涅在冷酷的世界面前,拭去最后一滴温情的眼泪,投身罪恶的深渊。葛朗台嗜钱如命,人的感情已不复存在(《欧也妮·葛朗台》);夏倍的妻子为吞没财产,拒认远归的丈夫(《夏倍上校》);新闻界、艺术界笼罩在金钱的魔力之下(《幻灭》),"凡是小说家自以为凭空造出来的丑史,和事实相比之下真是差得太远了"(《高老头》)。把贵族、资产阶级角逐其中的 19 世纪上半叶的法国社会表现的如此全面深刻、形象生动的,巴尔扎克为第一人。

四、持续不断的劳动是人生的铁律

巴尔扎克从穷困潦倒、蛰居斗室的落魄文人,成为出版商追逐、读者敬仰的名人。成功对于艺术家是个并不亚于失败的考验。巴尔扎克还要经历来自内外的纷扰和诱惑,才能继续完成建造文学大厦的伟大任务。作为艺术家,巴尔扎克明察秋毫,超凡脱俗;作为人,他有七情六欲,有普通人所具有的甚至更突出的弱点。作为艺术家的巴尔扎克,在书中嘲弄讽刺上流社会;而身为普通人的巴尔扎克,却怀着强烈的虚荣心,向往这个社会的奢华、风雅和体面。他也意识到自身的矛盾、多重性。他说:"我的躯壳里有好几个不同的人:经商理财的事业家,跟报界和舆论搏斗的作家,在写作中与题材较量的艺术家,最后,还有一个躺在花前月下多情善感的热恋者。看到这儿,你会说:'奥诺雷,这个坏蛋!'不,不,不要出语莽撞,等你理解得到,我杜绝一切娱乐和消遣,怎样地关起门来埋头苦干,你又会感到,我并没有那样恶劣。"

出现在外界浮华喧闹中的时间只占了巴尔扎克生活中的一个瞬间,并且为他的创作积累了新的素材。他生命中的绝大部分时间都用在书桌旁,每天伏案十六七个小时,用心血创造着。他说:"工作,总是连续不断地工作!点着灯火的夜晚,接着是点着灯火的夜晚,沉思默想的白天,接着是沉思默想的白天,从落笔到构思,从构思到落笔!"在呕心沥血、永无休止的写作中,作家感受到了创造的欢乐和服役的痛苦,他说:"持续不断的劳动是人生铁律,也就是艺术的铁律。"

五、伟人的一生必不幸

对艺术的无尽追求使巴尔扎克不能解脱,对金钱的追求也使他不能解脱。巴尔扎克的一生都在债务的重负下度过。他不善理财,不知量入为出;他屡遭破产、败诉。这个在作品里对世界洞若观火的智者,一旦涉足其他事务,便成了不切实际的迁人。他想开掘银矿、贩卖木材、栽种水果,曾在巴黎郊外买下一块土地大兴土木,想做地产。一切使他欣喜激动的发财努力,最终只是使他的债务雪球越滚越大,初次经商失败背上的 6 万法郎债务,到临终前三年已达 21 万之巨。为躲避债务,他时时搬迁,或当债主逼上门时隐匿室内假装外出。为摆脱债务,他除了卖命写作和不断尝试经商发财之外,也寄希望于一桩能给他带来丰厚陪嫁的婚姻。

在巴尔扎克的生活中,出现过不少女性。尤其是他成名后,许多女读者来信表示敬仰、崇拜以致爱慕。他既得到过贝尔尼夫人和珠儿玛·卡洛具有深刻理解、富有牺牲精神的爱,也有过肤浅的艳遇。但他孜孜以求的是俄国女贵族韩斯卡夫人,她的贵族身份和几百万家产对他具有极大的吸引力。追求 18 年后,病入膏肓的巴尔扎克才得到韩斯卡夫人对婚姻的首肯。长期的非常人能承受的写作劳苦,严重损害了作家的健康。1850 年 8 月 18 日,在度过 5 个月冷淡的婚姻生活后,卧病不起的巴尔扎克终于走完了他 51 年的生命历程。

"伟人的一生必不幸",这是以文坛上的拿破仑自诩的巴尔扎克得出的辛酸的结论,也是他自勉的格言。天才人物由于卓越不凡,由于对传统、陈规陋俗的违反和超越,必然更易招致多舛的命运,关键在于如何把握自己,"紧紧扼住命运的咽喉",成为生活和命运的主人。巴尔扎克没有童年的快乐、爱情的幸福、闲暇的轻松,纠缠他的是钱债和文债、误解和攻讦。他从不缺少挫折、痛苦,但很少有人能像他那样仍能激流勇进。他不相信宿命,与遭遇的种种不幸进行抗争。他留给我们的,除了《人间喜剧》这座文学大厦,还有面对人生苦难的伟大生命力量:"我唯一可以信赖的,就是我狮子般的勇气和不屈不挠的精力。"

执拗的西绪弗斯
——卡夫卡和他的创作

首都经济贸易大学文化与传播学院 朱 琳

20 世纪初,奥地利业余作家弗朗茨·卡夫卡在他的思考性札记里写道:"在巴尔扎克的手杖柄上写道:我在摧毁一切障碍;在我的手杖柄上则写着:一切障碍都在摧毁我。共同的是'一切'。"这样一个毫无抵御力的弱者,却在身后赢得英雄般的声名与崇敬。他被尊为现代派文学的祖师,众多文学流派争相与之攀亲结缘;他是现代派最有影响的作家,在世界上引起了"卡夫卡热"。作为现代人,他具有不同于古典作家对世界的认识、感知方式,从心理的基本视角,揭示了人们精神的异化现象。由于他执着理想而对不完美格外敏感,因为敏感而更易于受伤。苦难,仿佛不仅是走向巅峰的阶梯,而且是人生的本体。面对如此艰难的人生,卡夫卡难以成为"力拔山兮气盖世"的力士赫拉克勒斯,却如同西绪弗斯,在无奈中不甘失败,把不幸的命运变成崇高的使命,放弃一个健康男子的生之快乐,永无休止地推动思想与艺术的巨石。

一、没有归属的人

卡夫卡的生活经历平淡却独特。德国文艺批评家龚特尔·安德尔斯普如此概括:"作为犹太人,他在基督徒当中不是自己人。作为不入帮会的犹太人(他最初确实是这样),他在犹太人当中不是自己人。作为操德语的人,他在捷克人当中不是自己人。作为波西米亚人,他不完全属于奥地利人。作为劳工工商保险公司的职员,他不完全属于资产者。作为资产者的儿子,他又不完全属于劳动者。但他也不是公务员,因为他觉得自己是作家。而就作家来说,他也不是,因为他把精力耗费在家庭方面。可'在自己的家里,我比陌生的人还要陌生。'"如此尴尬的境地造成了卡夫卡的异己感、孤独感和矛盾性。

1883 年 7 月 3 日,卡夫卡在处于奥匈帝国统治下的布拉格出生。当时,犹太人大约只占布拉格人口的 5%,卡夫卡便是其中的一员。捷克人、苏台德区德国人中间都有反犹情绪。对犹太人无家可归的漂泊命运、强烈的孤独感,卡夫卡有着亲身的体验。他感到的压抑还远不止于此。他所生活的哈布斯堡王朝统治下的奥匈帝国对外扩张掠夺,参与发动了第一次世界大战;对内实行家长制统治,是欧洲封建势力最后盘踞的死角。"在家长的大棒保护下的封建主义、宗法制度和奴颜婢膝的庸俗气味在任何国家都不像在奥地利那样完整无损"(恩格斯语)。国家统治的官僚化和专制性,在与西欧的现代潮流对比下,尤为突出。层层叠叠、似虚似实的官僚统治的母题,贯穿于卡夫卡的长篇小说中,如《审判》《城堡》。司政的城堡,可望而不可即;司法的法庭,有门而不能入。约瑟夫·K无端遭逮捕、被处决;K想进入城堡,历尽艰辛无望实现。卡夫卡感受到双重家长制统治的权威压抑,国家的权威统治庞大无比、神秘莫测;家中的权威统治更是具体可感的、无可回避的。

二、被父亲压垮的儿子

卡夫卡与父亲之间独特的关系,对他人格的形成、生活与创作的发展都产生了极大的影响。他的父亲海尔曼出生于波西米亚地区的贫寒农家,童年起就学做生意,游走四方,尝尽了贫穷生活的辛酸苦辣。经过一番奋斗,他终于在布拉格定居,开了一家百货商号,并娶讲德语的富有的犹太人女儿尤拉为妻。这个白手起家的精明能干的商人,强悍专制,卡夫卡的母亲则温良恭谦。作为家中的长子,卡夫卡对父亲的专横狂暴领教最多,感受最深。他在36岁——已是他生命的晚年时,写了著名的长信《致父亲》,倾吐了心中的积怨:"你只会按自己的性格,按照你自己性格的形成方式去对待孩子。你对孩子使用的,是力量、喧哗或者是勃然大怒。看来,你在这方面特别在行,因为,你就是想把我培养成一个强壮、勇敢的年轻人。"这个自尊、内在精神缺乏"顺从"秉性的孩子,自信被击溃了。一方面他憎恨、蔑视父亲这类以力压人的暴君;另一方面,他又害怕父亲,并为自己不能符合他的要求而自卑、内疚。他在自己的第一个短篇名作《判决》(1912)里表达了他对"原父"的恐惧感和受压抑的屈辱感。作品里,长久处于父亲淫威下的儿子因一点小小的反抗就被父亲处以死刑,儿子怀着没有完成义务的内疚顺从地自尽。这是多么深沉的痛苦和无奈的解脱啊!

为攀附德意志社会的名流,父亲把10岁的卡夫卡送入德国人开办在旧城区的德意志国立高中。这所学校为哈布斯堡王朝输送过不少官员。它沿袭数十年的旧习,要求学生听话顺从,压制学生个人的兴趣爱好。在学校里,卡夫卡感到自己的精神世界与周围的环境格格不入。他在日记里写道:"就我的经历而言,学校和家庭只有一个目的,那就是要抹杀我的个性……我可以暂且忍受这些野蛮的压制,但是,我的心灵都留下了创伤,这个创伤是治愈不了的。"

三、隐蔽的观察者

卡夫卡一方面执着于自己的个性，不肯媚俗；另一方面又因权威的强力而形成羞怯、隐蔽、抑郁的性格，从而建立起与世界相处的独特方式。中学同学评价他说："我们从来不能与他坦诚相见，他的四周好像镶上了一道玻璃墙。他很文静，而且微笑着，把世界朝自己打开，而把他自己封闭起来。"他专注地注视着世界，深为哲学思潮所吸引，认真地去阅读易卜生、尼采、达尔文和斯宾诺莎等人的著作。他接触到各种社会思潮，对社会主义产生兴趣，认为"富人的奢侈是以穷人的贫困为代价的"。他同情工人运动，无政府主义思想也对他产生过影响。但他不是积极的参与者，没参加过任何党派、团体，在各种集会上，总是静听，并不多言。除了中学时代的奥斯卡·波拉克和后来在大学里结交的挚友马克斯·勃洛德，他很少同其他人交往。此时，他已开始了写作尝试，试图把写作作为自己存在的一种重要方式。

1901年7月，卡夫卡高中毕业，想学哲学，遭到父亲的反对。后来，他进入布拉格德意志大学，选修了两周化学，又学了一周语言文学，然后就遵父命转修法律，为今后就业做准备。但是卡夫卡志在文学，他与勃洛德一起旅行，出入咖啡馆，参加布拉格的一些文学活动。

四、视写作为生命的业余作家

1906年6月，卡夫卡大学毕业，得到法律学博士学位。写作，在他的生活中，已占据了越来越重要的地位。因此，能否保证自立和足够的创作时间，就成为他选择职业的主要条件。1907年10月，卡夫卡被保险事务总署聘用。每天上班时他盼望时间快些逝去，下班立刻回家开始他真正的生活——写作。保险事务总署的工作太重，还需要加班，卡夫卡不得不另觅工作，进了工作时间较短的"波西米亚王国工人事故保险事务所"，一直干到1922年因病退休。

在事务所里，卡夫卡一直兢兢业业，逐渐从助理职员升至书记员、高级书记员。工作期间，他目睹工人因安全设施不全而致残，企业主对改善防护措施的拖延，还有事务所的官僚作风。他感到理想、良心与现实的悖理现象无法相容，滋生出要表达内心感受的强烈欲望："我被疯狂的时代鞭打以后，用一种对我周围每个人说来是最残酷的方式进行写作，这对于我是地球上最重要的事情。"他感到若不把他心中"庞大的世界""解放"出来，自己就会被撕裂。

很少有人像卡夫卡一样，始终是业余作家，却创作出一流作品。卡夫卡的写作是非功利性的，视写作为生命："我生活的先决条件是，当一个作家。"他要的不是作家的头衔，而是写作的可能。在他12年的创作旺盛期里，有7年病魔缠身，也从未脱离那些与文学毫不沾边的公职,却在业余时间里写了近300万字的著作,包括《美国》《审判》《城堡》3部长篇小说,《变形记》《判决》《在流放地》等78篇短篇小说,还有大量的书信和日记。

非营利的写作与维持生计的工作是相互矛盾的,这使卡夫卡苦恼了一生。作为长子,他自认为对家庭负有义不容辞的经济责任。他缺乏自信的性格和独特的写作态度,使得他不能放弃职业,以文为生。他在日记里记述了痛苦心态:"从表面看,我在办公室里是恪尽职责的,但我并没有克尽我的内心职责,而每一件没完成的内心职责都在我身上变成一种永久的不幸。"内心职责就是写作。把心血耗在"办公室里一堆毫无价值的文件"上,等于在具有"幸福天分的身体上挖掉一块肉"。他自述:"对我来说,这是种可怕的双重生活,要摆脱它,看来只有发疯才是唯一的出路。"卡夫卡并没有向痛苦屈服:"既然我除了文学啥也不是,并且不能,也不想成为什么别的,那么我的职业就永远也占据不了我。"

五、自我放逐的孤独者

创作需要开放,需要走向社会,积累生活;创作又需要封闭,因为创作过程是一种耗费时间和专心致志的工作。卡夫卡实行了自我放逐。他下班后回家,3点左右午睡,晚上7点半起床,偕友或独自散步一小时,吃了晚饭,然后写作到凌晨。他非常珍惜这仅有的自由时间。

第一次世界大战爆发后,卡夫卡由于体质虚弱,被从服义务兵役的人选中除名。妹夫服兵役去了,他不得不去帮忙照看妹夫的工厂;大妹妹为避战祸带着孩子来娘家居住,他只能多次搬家,但即使有如此多的困扰,他仍坚持写作。

只要能够保证写作,卡夫卡任何诱惑都能抵御,任何损失或牺牲也在所不惜,人生中能享有的爱情、婚姻……他都置之度外,把自己关闭在孤寂的世界里。由此产生的婚姻曲折,构成卡夫卡平淡的生活中神秘和富传奇色彩的篇章。

1912年8月,卡夫卡认识了费丽丝·鲍尔。费丽丝出身犹太小资产阶级家庭,由速记打字员升任为一家公司的代理人,坚强稳重,冷静安详。1914年5月,卡夫卡与费丽丝在柏林订婚。在以后被汇成近800页的《卡夫卡致费丽丝的信》中,卡夫卡表达了他的恋情,对爱情的追求和向往。但是他始终处于矛盾之中,担心情爱的享受和生儿育女的家庭生活会占用他8小时以外的时间,害怕写作的"幸福"有被窒息的危险。他一度试图调和写作与生活的矛盾,放弃公职,专事写作,靠费丽丝的工作维持生活,但很快就放弃了这种打算。1914年7月下旬,他们解除了婚约。两年后卡夫卡与费丽丝重逢后再度相爱,于1917年7月第二次订婚。卡夫卡与费丽丝之间的差异,与歌德笔下浮士德与玛甘泪之间的矛盾类似,是文学天才与凡夫俗子生活间的不合拍。卡夫卡自己也意识到这一点:"主要是出于我的作家工作的考虑,是它挡住了我,因为我相信婚姻对这一工作是有危害的。我何尝不想结婚,但单身生活已在我现在生活的内部把它毁灭了。"1917 年 9 月,卡夫卡被诊断患有肺结核,并出现咯血,这为他 12 月再次解除与费丽丝的婚约提供了理由。1919 年夏,卡夫卡与出身低微的捷克姑娘尤丽叶订婚,第二年的解除婚约固然有父亲粗暴反对的原因,但放弃家庭的"有限"生活,追求写作的"无限"生活,仍是根本原因。这种极端的选择,对常人是残酷的,对卡夫卡也绝不轻松。孤独为他的创作所必需,同时又成为他痛苦的根源。

六、现代艺术的探险者和殉道者

除了职业、婚姻矛盾对他的折磨以外,卡夫卡还始终摆脱不了追求艺术完美而来的痛苦。他是现代艺术的探险者和殉道者,为创造真正的艺术而呕心沥血,耗尽了毕生精力。卡夫卡的作品带有自传色彩,许多主人公的姓名都与作者的姓(Kafka)有关。但是,他的作品的自传性主要不是某些真实事件的投影,而是内在情感和感受的体现。他在艺术道路上的跋涉及体验融合在他的两个短篇故事中——《饥饿艺术家》和《女歌手约瑟芬或耗子民众》。

饥饿艺术家是没有姓名、以饥饿表演为职业的艺人。他有极强的艺术家的荣誉感和事业心,在 40 天的表演期满后仍不肯进食,因为他"对饥饿表演这一行爱得发狂",认为可以达到"常人难以理解的高峰"。他以有限的表演手段去追求无限的境界,始终处于"不满意"的心境,如同卡夫卡希望创造出表达内心世界的理想的艺术而总觉得不尽如人意一样。女歌手也是如此,"仿佛她在使出浑身的劲儿来歌唱,仿佛她把无助于歌唱的一切都加以抛弃,而把每一分力,几乎把点滴的生机都使了出来,仿佛她被榨干了,被废弃了,唯有善良的神灵保护着她,当她如此付出全副身心,忘情于歌唱时,好像一丝儿冷风吹过就能使她一命归天似的"。女歌手一生"为摆脱劳动而进行斗争",舍弃无助于歌唱的一切生活,如同卡夫卡渴望摆脱职业而不可得一样。不惜毁灭"肉"来追求"灵"的完美,卡夫卡与他们两人在精神气质和心态上何其相似。

卡夫卡对艺术以最高理想的境界要求,因此总是不满意自己的作品,总是在理想与可能性的矛盾中苦恼不已:"某种满足我还可以从写作《乡村医生》那样的作品时得到,要是我还能够写作类似的作品的话(恐怕非常之少)。然而幸福的感觉却只有在我能够把对世界的表现提高到某种纯洁的、真正的、永恒不变的程度的时候,我才能够得到。"因此我们才能理解他何以为写作付出如此巨大努力和牺牲,而又如此吝惜作品的发表,甚至要毁稿。他生前发表的作品在勃洛德为他编纂的 9 卷本中只占 1 卷的篇幅。他每发表一篇作品,勃洛德都要"竭尽心计和劝诱说服","进行激烈的斗争,有时甚至强求硬讨"。他在给勃洛德的带遗嘱性的字条里,要求他把自己所有的稿件,包括日记、信件、手稿都焚毁。正如勃洛德所说,卡夫卡"以最高的宗教式严格的标准来衡量这些作品","而这些作品又都是从各式各样的困惑中迸发出来的,当然不可能符合这种标准"。

高度紧张的内心活动,文学创作和日常工作两者兼顾的超载劳作,极大地消耗了卡夫卡的精力。为了创作,他减少睡眠,引起了神经衰弱。不佳的健康状况影响了创作,又因创作受影响而使得健康更糟。他的精神和肉体总处于几重矛盾的折磨中:厌倦职业却无法摆脱,向往婚姻又只能割舍,视写作如生命却很少得到快乐的报偿,因此健康状况每况愈下。1917 年 8 月,在几个月内写出一系列短篇名作后,卡夫卡终于被当时致命的肺结核病缠住。1922 年,病体孱弱的他不得不办理了退休手续,创作量大为减少。此时他才向凡俗生活做了一点让步。1923 年 12 月,他与柏林一个养育院的职员多拉同居。1924 年 6 月 3 日,卡夫卡在多拉的陪伴下走完 41 年生命的路程。

七、执拗的西绪弗斯

勃洛德说:"在卡夫卡身上,绝望和创建意志奇特地交织在一起,这种创建意志永不消失,而是发展成为一种十分复杂的混合体。"确实,无论在作品中还是在作家身上,深刻的绝望与执拗的抗争交织在一起,仿佛西绪弗斯神话所寓。卡夫卡作品的中心思想,就是生活中的西绪弗斯式的磨难,基本模式就是西绪弗斯的故事。这个主题,反复变奏出现在他的长短篇小说和信件日记里。这是他对生活最切身的感受、形而上学的哲学概括。他自身的命运与那永不休止的推石上山何其相似。面对无穷无尽的坎坷磨难,如影随形的烦恼痛苦,永难达到的前方彼岸,他并不以宗教皈依来泯灭生命欲求,也不扼杀个性以求相安无事,而是穷尽现有的一切,挣扎前行。他最早探悉时代的危机信息,深刻揭示和表达了自我存在的苦痛,权威下的恐惧,障碍前的无能,孤独中的无助,寻求时的迷茫。在痛苦与孤独之中,他觉得软弱,但一种内在精神却不可摧毁,那就是对"异化"环境毫不妥协、永不放弃的写作事业。"上帝不要我写",是面对命运的无奈和悲愤,"但我必须写",是反抗命运的不甘和悲壮,而悲壮的人生,才是最充实、最丰富的人生。

李白《庐山谣寄卢侍御虚舟》赏析

首都经济贸易大学文化与传播学院　赵建梅

庐山谣寄卢侍御虚舟

李　白

　　我本楚狂人,凤歌笑孔丘。手持绿玉杖,朝别黄鹤楼。五岳寻仙不辞远,一生好入名山游。庐山秀出南斗傍,屏风九叠云锦张,影落明湖青黛光。金阙前开二峰长,银河倒挂三石梁。香炉瀑布遥相望,回崖沓嶂凌苍苍。翠影红霞映朝日,鸟飞不到吴天长。登高壮观天地间,大江茫茫去不还。黄云万里动风色,白波九道流雪山。好为庐山谣,兴因庐山发。闲窥石镜清我心,谢公行处苍苔没。早服还丹无世情,琴心三叠道初成。遥见仙人彩云里,手把芙蓉朝玉京。先期汗漫九垓上,愿接卢敖游太清。

　　李白有着"济苍生""安社稷"的理想与抱负,同时道家和道教信仰在其思想中也占有重要地位。开元十三年(725),李白"仗剑去国,辞亲远游"。直到天宝元年(742)奉诏入京,供奉翰林。为朝中权贵谗毁,于天宝三载(744)被"赐金放还"。又经历了十年漫游生涯。安史之乱中,永王李璘奉玄宗诏出兵东南,李白以为实现理想的机会到了,加入李璘幕府,并自信地写道:"三川北虏乱如麻,四海南奔似永嘉。但用东山谢安石,为君谈笑静胡沙。"(《永王东巡歌》其二)后永王兵败,以叛乱被治罪,李白也受牵连入狱,罪本当诛,有郭子仪援救,被长流夜郎。"夜郎万里道,西上令人老"(《经乱离后,天恩流夜郎,忆旧游书怀赠江夏韦太守良宰》)。乾元二年(759),朝廷因册立太子和天旱而大赦天下,李白半道遇赦放还,流寓南方。经历了这些挫折和失意后的李白,于上元元年(760)从江夏(今湖北武昌)往浔阳(今江西九江)游庐山时作了这首《庐山谣寄卢侍御虚舟》。"谣",本指只有唱歌没有音乐的徒歌,李白以"谣"为题的纵情长歌是其歌行的一种形式。所寄卢侍御,字幼真,范阳(今北京大兴)人,以"遁世颐养,操持有清廉之誉"(见清王琦注引李华《三贤论》),被唐肃宗任为殿中侍御史,曾与李白同游庐山。李白另有《和卢侍御通塘曲》。

李白常以楚狂人接舆自比,本诗便以"我本楚狂人,凤歌笑孔丘"起句。孔子周游列国时,在楚国遇到狂人接舆,"楚狂接舆歌而过孔子曰:'凤兮凤兮! 何德之衰? 往者不可谏,来者犹可追。已而,已而! 今之从政者殆而!'孔子下,欲与之言。趋而匹之,不得与之言"(《论语·微子》)。朱熹认为接舆"讥其不能隐为德衰也"(《四书章句集注》)。以嘲笑孔子的接舆自比,表现出李白不以政治仕途为意、隐居名山的心志与胸襟。诗接着引出手持嵌有绿玉的手杖,辞别黄鹤楼,不辞路途遥远,遨游五岳寻仙访道的形象。"五岳寻仙不辞远,一生好入名山游",这两句诗也是诗人浪漫气质的极好写照,同时由此引出游庐山。

从"庐山秀出南斗旁"至"鸟飞不到吴天长"是对庐山景物的正面描写。"庐山秀出南斗旁"一句,既以"秀"概括庐山景色的特点,又借助分野点出庐山所在的位置,浔阳属南斗分野,江西星子县即晋浔阳旧地,庐山在星子县西北,所以说"南斗旁"。"庐山秀出南斗旁",将庐山之秀表现得境界极为开阔大气。"屏风九叠云锦张,影落明湖青黛光",庐山五老峰东北的九叠云屏像云霞锦绣似地张开着,庐山的影子倒映在鄱阳湖中呈现青黛色,这是一幅静态的山光水色画面,表现出庐山的绮丽秀美。"金阙前开二峰长,银河倒挂三石梁。香炉瀑布遥相望,回崖沓嶂凌苍苍",所写为庐山金阙岩(又名"石门")、三石梁、香炉峰和瀑布绝景。《水经注·庐江水》记:"庐山之北有石门水,水出岭端,有双石高竦,其状若门,因有石门之目焉。"[1]"金阙前开二峰长"写出石门双峰竦峙的情景。关于香炉峰的瀑布,李白诗作《望庐山瀑布》有精彩描写:"日照香炉生紫烟,遥看瀑布挂前川。飞流直下三千尺,疑是银河落九天。""香炉瀑布遥相望",与香炉峰的瀑布遥遥相望的是三叠泉,"银河倒挂三石梁",三叠泉同样如银河般悬挂三石梁,这是一幅多么壮观绝美的山水画卷! 王琦注曰:"今三叠泉在九叠屏之左,水势三折而下,如银河之挂石梁,与太白诗句正相吻合。"[2]"回崖沓嶂凌苍苍"言山峦重叠迂回,上凌苍天。"翠影红霞映朝日,鸟飞不到吴天长",诗人择取朝阳初生时分,满天红霞与山光翠影相互映衬,把庐山景象的壮丽表现得更为充分。"鸟飞不到"是写山势的高峻,连鸟也飞不到;"吴天长"是写庐山所在地域开阔,三国时庐山属于吴国。至此,诗人将庐山的瑰玮和秀丽淋漓尽致地描绘出来,在写景中传达出诗人对庐山的无比热爱之情。

"登高壮观天地间,大江茫茫去不还。黄云万里动风色,白波九道流雪山",诗人的视野不再局限于庐山,而是将庐山置于一个无比广阔的宇宙空间。诗人置身山顶,登高远望,只见长江浩荡奔涌,去向大海;万里黄云飘浮,天色瞬息变幻;长江

---

① (北魏)郦道元著,陈桥驿校证. 水经注校证[M]. 北京:中华书局,2013:881.
② (唐)(清)王琦注. 李太白全集[M]. 北京:中华书局,1977:679.

流至浔阳分为九派,波浪翻滚堆积犹如雪山。这些诗句饱蘸笔墨、酣畅淋漓地描绘出长江的雄奇壮观,给人以无比的崇高感和高远境界。"好为庐山谣,兴因庐山发"。此时,诗由写景转入抒情,是大自然的美景激发了诗人无法遏制的诗情。"闲窥石镜清我心,谢公行处苍苔没",此句用谢灵运的典故。谢灵运《入彭蠡湖口》诗有句"攀崖照石镜,牵叶入松门"①。《太平寰宇记》:"石镜山,在东山悬崖之上。其状团圆,近之则照见形影。"②李白诗意为自己也像谢灵运一样攀上悬崖照照石镜,使心境清爽,而昔日谢公足迹所到之处已经为苍苔覆盖。在这"清我心""苍苔没"的描写中,包含着诗人无限的人生感慨。谢灵运因政治不得意而寄情山水,李白也经历了永王李璘事件的挫败。其实,谢灵运纵然寄情山水、佛教,但他内心无法忘却世俗的失意,中唐白居易任职江州司马时,有《读谢灵运诗》:"吾闻达士道,穷通顺冥数。通乃朝廷来,穷即江湖去。谢公才廓落,与世不相遇。壮志郁不用,须有所泄处。泄为山水诗,逸韵谐奇趣。大必笼天海,细不遗草树。岂惟玩景物,亦欲摅心素。往往即事中,未能忘兴谕。因知康乐作,不独在章句。"③理想高远、志比大鹏的李白此刻又如何能完全超脱于现实政治的失意呢?

诗的最后,李白为自己找到了一条美妙的解脱世俗之苦的途径,那便是得道成仙,到达虚幻的神仙世界。"早服还丹无世情,琴心三叠道初成",诗人想象自己服食仙丹,勤心修炼,摆脱世情,达到"心和则神悦"(《黄庭内景经》)的境界。"遥见仙人彩云里,手把芙蓉朝玉京",诗人来到仙境,看到彩云里的仙人手持莲花飞向玉京。玉京,是道教所奉天神元始天尊所在之地。诗人用"彩云"和"芙蓉"把仙境装点得如此绚丽,足可见出其内心对美好自由仙境的向往之情。叶嘉莹先生就曾说:"以李白之天才,他原该是一位'手把芙蓉朝玉京'的仙人,然而谪降于世,却落得只成了一株在九秋寒风中漂泊无依的蓬草。"(《说杜甫〈赠李白〉诗一首——谈李杜之交谊与天才之寂寞》)④何尝不可以说,是诗人自己幻想自己"手把芙蓉朝玉京"呢?"先期汗漫九垓上,愿接卢敖游太清",用《淮南子·道应训》典故,卢敖游到北海,遇到一位奇形怪状的神仙,笑卢敖所见不广。卢敖约他同游,他说与"汗漫"(不可知之意,比喻神)"相期于九垓(九天之意)之外",于是跳入云中。李白将卢侍御比作卢敖,比自己为怪仙。说自己欲与汗漫相约游于九天之外,邀请卢侍御同游。这样的结尾,诗作既自然与题目"寄卢侍御虚舟"照应,又让诗人幻入仙境、

---

① 逯钦立辑校. 先秦汉魏南北朝诗[M]. 北京:中华书局,1983:1178.

② (宋)乐史著,王文楚等校. 太平寰宇记[M]. 北京:中华书局,2007:2252.

③ 谢思炜撰. 白居易诗集校注[M]. 北京:中华书局,2006:603.

④ 叶嘉莹. 迦陵论诗丛稿[M]. 北京:北京大学出版社,2014:266.

精神上得到自由超脱。李白有着拯物济世的理想抱负,道家和道教信仰在其思想中也占有重要地位,很显然,这种神仙道教信仰给了诗人一种极强的自我解脱、获得心灵自由的能力。

李白的歌行不仅豪迈飘逸,充满力度和气势,而且彰显着非凡的气魄和生命激情,表现出盛唐诗歌的阳刚之美。李白喜欢描写奇特的、不平凡的、超越现实的艺术形象,常驰骋想象于广阔的空间。这首诗眼界不限于庐山,而是"登高壮观天地间";也不限于现实境界,而是引领读者进入超现实的仙境,故而使得时空、诗境大为开阔。李白诗中意象也带有强烈的个性特征,如山峰、长江、黄河、瀑布,长江、黄河奔腾咆哮,一泻千里,山峰高出天外,瀑布飞流直下,无不彰显着李白冲决束缚、追求自由、无拘无束、飘然不群的性格特征。这首《庐山谣寄卢侍御虚舟》诗中,雄奇壮丽的庐山,飞流直下的瀑布,万里漂浮的黄云,奔腾翻滚的长江,无不表现出诗人的豪迈气概和自由个性。篇末仙境的呈现,表达了诗人对自由境界的追求,也流露出诗人因政治失意而避世求仙的愤世之情。明·高棅《唐诗品汇》七言古诗叙目第三卷《正宗》曰:"太白天仙之词,语多率然而成者,故乐府、歌词咸善。……今观其……《庐山谣》等作,长篇短韵,驱驾气势,殆与南山秋气并高可也。"①

---

① (明)高棅.唐诗品汇[M].北京:中华书局,2015:923.

苏轼《洞仙歌》"冰肌玉骨"赏析

首都经济贸易大学文化与传播学院　赵建梅

洞仙歌

苏　轼

　　余七岁时,见眉州老尼,姓朱,忘其名,年九十岁。自言尝随其师入蜀主孟昶宫中。一日大热,蜀主与花蕊夫人夜纳凉摩诃池上,作一词,朱具能记之。今四十年,朱已死久矣,人无知此词者。但记其首两句,暇日寻味,岂《洞仙歌令》乎? 乃为足之云。

　　冰肌玉骨,自清凉无汗。水殿风来暗香满。绣帘开、一点明月窥人,人未寝,欹枕钗横鬓乱。

　　起来携素手,庭户无声,时见疏星渡河汉。试问夜如何? 夜已三更,金波淡、玉绳低转。但屈指西风几时来? 又不道流年,暗中偷换。

　　中唐词如滴滴泉水,晚唐五代词如涓涓细流,宋词则如汪洋大海。在词的发展长河中,苏轼是里程碑式一环。以温庭筠为代表的花间词派,词风崇尚雕饰,追求婉媚,充溢着脂香腻粉气味,奠定了"诗庄词媚""词为艳科"的基本格局。词被视为小道、薄伎、游戏、艳科。如欧阳修就是"以其馀力游戏"。期间虽有开拓词境者,如李煜后期词作,王国维《人间词话》评:"词至李后主而眼界始大,感慨遂深,遂变伶工之词而为士大夫之词。周介存置诸温韦之下,可谓颠倒黑白矣。'自是人生长恨水长东'。'流水落花春去也,天上人间'。《金荃》《浣花》,能有此气象耶?"①他如北宋范仲淹开沉郁苍凉风格,成为豪放词风的滥觞。词只有到了东坡,才"倾荡磊落,如诗如文,如天地奇观"(刘辰翁《辛稼轩词序》)②,获得了与诗同等的地位。

　　苏轼明确提出自己的词学观:词为"诗之苗裔",认为诗词同源,本属一体;词须"自是一家",认为词品应与人品一致,应像诗一样,抒发自我真实性情和独特的

① (清)王国维. 人间词话[M]. 北京:人民文学出版社,1998:197.
② 邓广铭. 稼轩词编年笺注[M]. 上海:上海古籍出版社,1993:599.

人生感受。所以,词到苏轼这里,可以抒情、言志、说理、谈禅、咏物和写农村生活等。正如清刘熙载《艺概·词曲概》所云:"东坡词颇似老杜诗,以其无意不可入,无事不可言也。若其豪放之致,则时与太白为近。"①苏轼扩大了词的表现功能,丰富了词的情感内涵,拓展了词的时空场景,从而提高了词的艺术品位,把词堂堂正正地引入文学殿堂,使词从"小道"上升为一种与诗具有同等地位的抒情文体。可以说词至东坡,其体始尊。从艺术风格方面来讲,苏轼既开豪放词风,又转变婉约词风,提高了婉约词的格调和品位。其词呈现清旷、雄奇、豪放、柔婉、幽怨等风格。宋·胡寅评苏轼词:"一洗绮罗香泽之态,摆脱绸缪宛转之度,使人登高望远,举首高歌,而逸怀浩气超然乎尘垢之外。"(《酒边集序》)②宋·王灼《碧鸡漫志》卷二云:"东坡先生非心醉于音律者,偶尔作歌,指出向上一路,新天下耳目,弄笔者始知自振。"③其词集《东坡乐府》,现存词362首。《洞仙歌》"冰肌玉骨"比较典型地体现了苏轼婉约词的品格。

《洞仙歌》,又名《洞仙歌令》《羽仙歌》《洞仙词》《洞中仙》《洞仙歌慢》。原唐教坊曲名,后用作词调名。有令词和慢词两种,均为双调。其一体前片六句,后片七句,共83字。前片第二、第三、第六句和后片第三、第五、第七句押韵,均为仄声韵。

词前写小序是苏轼词作的一大创新,既便于交代词的写作时间和创作缘起,也丰富和深化词的审美内涵。这首词前小序交代了词人写作《洞仙歌》的源起。在词人七岁时,听眉州老尼讲蜀主孟昶与花蕊夫人夜间纳凉摩诃池上的故事,并作有一词。四十年后的词人只记得首两句,于是,将其补足成这首《洞仙歌》。花蕊夫人徐氏,姓徐,一说姓费,青城(今都江堰市东南)人,五代十国时期女诗人。因才貌双全,得幸于蜀主孟昶,赐号花蕊夫人。《能改斋漫录》卷一记:"徐匡璋纳女于昶,拜贵妃,别号花蕊夫人。意花不足拟其色,似花蕊轻也,又升号慧妃,以号如其性也。"④苏轼这首《洞仙歌》"冰肌玉骨"取材于蜀主孟昶与花蕊夫人夏夜纳凉的情事。

词的上片开篇便以"冰肌玉骨,清凉无汗"来写花蕊夫人,而序言中已交代:"一日大热,蜀主与花蕊夫人夜纳凉摩诃池上。"所以,"大热"与"冰肌玉骨,清凉无汗"形成强烈反差,写出花蕊夫人不为汗染、冰清玉洁的形象,也为全词定下高雅的

① (清)刘熙载. 艺概[M]. 上海:上海古籍出版社,1978:108.
② (清)朱孝藏编年,龙榆生校笺. 东坡乐府笺[M]. 上海:上海古籍出版社,2009:3.
③ 唐圭璋. 词话丛编[M]. 北京:中华书局,2005:85.
④ 唐圭璋. 词话丛编[M]. 北京:中华书局,2005:134.

基调。"水殿风来暗香满",微风吹过,整个水面暗香浮动溢满,这"暗香"从何而来? 也许是水面的荷花? 这给读者留下无限想象的空间。这"暗香"让词境变得更为纯洁美好。"绣帘开、一点明月窥人",微风吹来,绣帘微微张开,一点明月照见"人未寝,倚枕钗横鬓乱"。词的上片交代背景,由微风、暗香、明月意象,及"冰肌玉骨,自清凉无汗"的人物,为全词奠定和营造了清幽绝俗的基调和氛围。

词的下片由一句"起来携素手"过渡到写孟昶与花蕊夫人夜间起身相携到摩诃池上纳凉之事。"素手"与上片"冰肌玉骨"相照应,再次凸显女主人公的冰清玉洁。但此词的非凡之处在于,写帝妃纳凉情事,却从女主人公所见所想、所感所悟来写。我们仿佛感觉不到人物的存在,只被一片绝俗夜境所包围着。但"时见""试问""屈指"这些词语又在唤醒我们,意识到这是女主人公的灵心慧性对夏夜时空的感悟。"庭户无声,时见疏星渡河汉"二句以动写静,庭户悄无声息,几颗流星不时在银河掠过,反衬出庭户的静寂。孟浩然有名句"微云渡河汉,疏雨滴梧桐",苏轼这一句以"疏星渡河汉"的夜空之景反衬"庭户无声"的人间夜境,自有其独特绝妙之处。夏夜的静绝更映衬出女主人公的清凉高洁。"试问夜如何? 夜已三更,金波淡、玉绳低转"三句以自问自答的形式来写时间的变化,化用《诗·小雅·庭燎》"夜如何其? 夜未央,庭燎之光"写法。"金波淡,玉绳低转",月光不再皎洁,变得暗淡,北斗玉绳渐自西北转,冉冉而降,时已三更时分。《太平御览·天部五》引《春秋元命苞》曰:"玉衡北两星为玉绳。玉之为言沟,刻也。瑕而不掩,折而不伤。"宋均注曰:"绳能直物,故名玉绳。沟,谓作器。"玉衡乃北斗第五星,玉衡北两星为玉绳。谢朓有诗句"金波丽鳷鹊,玉绳低建章"(《暂使下都夜发新林至京邑赠西府同僚诗》)[1]。"但屈指西风几时来,又不道流年,暗中偷换",屈指算西风几时来,女主人公似乎在期盼秋风早日吹散暑热,然而不禁又想到季节更迭,岁月流逝,年华暗换,令人心惊。

关于花蕊夫人,宋·蔡絛《铁围山丛谈》卷六记:"国朝降下西蜀,而花蕊夫人又随昶归中国。昶至且十日,则召花蕊夫人入宫中,而昶遂死。昌陵后亦惑之。尝进毒,屡为患,不能禁。太宗在晋邸时,数数谏昌陵,而未果去。一日兄弟相与猎苑中,花蕊夫人在侧,晋邸方调弓引满,政拟射走兽,忽回射花蕊夫人,一箭而死。"[2]本词只取材于蜀主孟昶与花蕊夫人帝王妃子夏夜纳凉情事,却无些许艳情色彩,而是在静谧的境界描写中,塑造了一位美丽、高洁并且对时光流逝有着敏锐感受力的聪慧女子形象,又融入对人生哲理的思索。正如周汝昌先生所叹:"嗟嗟,人生不

① 逯钦立辑校. 先秦汉魏晋南北朝诗[M]. 北京:中华书局,1983:1426.
② (宋)蔡絛. 铁围山丛谈:卷6[M]. 北京:中华书局,1983:109.

易,常是在现实缺陷中追求想象中的将来的美境;美境纵来,事亦随变;如此循环,永无止息——而流光不待,即在人的想望追求中而偷偷逝尽矣!当朱氏老尼追忆幼年之事,昶、蕊早已无存,而当东坡怀思制曲之时,老尼又复安在?当后人读坡词时,坡又何处?……是以东坡之意若曰:人宜把握现在。"①

全词清空灵隽,语意高妙,想象奇特,波澜起伏,读来令人神往。郑文焯评此词:"坡老改添此词数字,诚觉气象万千,其声亦如空山鸣泉,琴筑竞奏。"(《大鹤山人词话》)这首《洞仙歌》"冰肌玉骨"真可谓"一洗绮罗香泽之态,摆脱绸缪宛转之度",将婉约题材写得如此清绝并且深蕴哲理,真是"新天下耳目"。

---

① 唐圭璋.唐宋词鉴赏辞典:唐·五代·北宋卷[M].上海:上海辞书出版社,1988:676.

姜夔《暗香》《疏影》赏析

首都经济贸易大学文化与传播学院　赵建梅

暗　香

辛亥之冬,予载雪诣石湖。止既月,授简索句,且征新声。作此两曲,石湖把玩不已,使工妓肆习之,音节谐婉,乃名之曰《暗香》《疏影》。

旧时月色,算几番照我,梅边吹笛。唤起玉人,不管清寒与攀摘。何逊而今渐老,都忘却、春风词笔。但怪得、竹外疏花,香冷入瑶席。

江国,正寂寂。叹寄与路遥,夜雪初积。翠尊易泣,红萼无言耿相忆,长记曾携手处,千树压、西湖寒碧。又片片吹尽也,几时见得。

疏　影

苔枝缀玉,有翠禽小小,枝上同宿。客里相逢,篱角黄昏,无言自倚修竹。昭君不惯胡沙远,但暗忆、江南江北。想佩环,月夜归来,化作此花幽独。

犹记深宫旧事,那人正睡里,飞近蛾绿。莫似春风,不管盈盈,早与安排金屋。还教一片随波去,又却怨、玉龙哀曲。等恁时、重觅幽香,已入小窗横幅。

姜夔(1155—1221),字尧章,号白石道人,饶州鄱阳(今属江西)人。终生不第,未入仕途,游荡江湖。品节高洁,似晋、宋之雅士。诗、词、音乐、古刻、书法俱精。其词多纪游、咏物、感叹身世飘零与离别相思,亦有寄寓忧国伤时之作。词艺尤精深高妙,善用健笔写幽情,意清句隽,古雅峭拔,秀出于"婉约""豪放"之外,词风以"清空""骚雅"见称,故谓"鄱阳姜夔出,句酌字练,归于醇雅"。词集名《白石道人歌曲》,共计84首。姜夔深爱梅花,所作咏梅词有17首。《暗香》《疏影》是其咏梅词中的代表作。张炎在其《词源》中说:"诗之赋梅,惟和靖一联而已。世非无诗,不能与之齐驱耳。词之赋梅,惟姜白石暗香疏影二曲,前无古人,后无来者,自立新意,真为绝唱。"[①]

词前有小序,交代两首词作于南宋光宗绍熙二年辛亥(1191)冬季,姜夔在范成

---

① 唐圭璋.词话丛编[M].北京:中华书局,2005:266.

大晚年退隐的石湖别墅作客,别墅在苏州附近。范成大(1126—1193),字致能,号石湖居士,吴郡(今江苏苏州)人,晚年退居石湖。范成大亦喜爱梅花,买园种梅,并著《梅谱》。姜夔应石湖居士"授简索句,且征新声"之请,"作此两曲",写下千古咏梅佳作《暗香》《疏影》。暗香、疏影之名取自宋初诗人林逋《山园小梅》中"疏影横斜水清浅,暗香浮动月黄昏"诗句。

《暗香》首三句以回忆中的美好情境起笔,旧时月下,梅边吹笛;"唤起玉人,不管清寒与攀摘",尽管清寒,却并不孤独,唤起玉人相伴摘梅。"何逊而今渐老,都忘却、春风词笔"几句,与"旧时"相对,由回忆中的情境转入现实情状,以南朝时梁朝诗人"情辞宛转,浅语俱深"(沈德潜《古诗源》)的何逊自比。"春风词笔",何逊有《咏春风》诗:"可闻不可见,能重复能轻。镜前飘落粉,琴上响余声。"何逊任职扬州,廨舍有一株梅花,逊甚是喜爱,有《咏早梅》(一云《扬州法曹梅花盛开》)诗,有句"兔园标物序,惊时最是梅"①,自觉平庸,辞不逮意。后来从洛阳特意赶回扬州,再访梅花时,却徘徊终日,不能成章。姜夔用此何逊的典故,说自己而今渐老,再没有当年的才情词心,难以表达出梅花之美及对梅花的喜爱之情。旧时情境已成梦境,当年词心已不再,"但怪得、竹外疏花,香冷入瑶席",又转回眼前的石湖梅景,将词情引入幽境,竹外疏花,香冷入席,扣"疏""香",又加以"竹""冷",写出梅花的幽独高洁。

下片从盛衰之境着笔,起首"江国,正寂寂"将空间扩展开来,梅花、思情被置于一片寂寥之境。"叹寄与路遥,夜雪初积",与上片中的追忆情境相照应,追忆中那位"玉人",词人此刻想到要将梅花寄予玉人,却夜雪初积,道阻且长,无从寄达。寄梅愿望的无法实现与上片"唤起玉人,不管清寒与攀摘"形成对照,真可谓此一时彼一时也。在古人的诗作中,有折梅相寄来表达离别相思之情。《荆州记》曰:"陆凯与范晔交善。自江南寄梅花一枝。诣长安与晔。兼赠《诗》曰:'折花逢驿使,寄与陇头人。江南无所有,聊赠一枝春。'"②唐张九龄有《和王司马折梅寄京邑昆弟》:"离别念同嬉,芬荣欲共持。"③"翠尊易泣,红萼无言耿相忆",相思之情无法借助梅花表达,只有对梅酌酒,耿耿怀人,梅花无言,翠尊泣泪,写出一派相思凄苦的情状。而且"翠""红"这样的色彩词又与词中总体的素雅色调形成反差,显出情深思切的凄厉情状。"长记曾携手处,千树压、西湖寒碧",又转入回忆中的美好情境,词人与玉人携手同行,湖水寒碧,梅花繁英堆积,一派盛境。"又片片、吹尽也,

---

① 逯钦立辑校.先秦汉魏晋南北朝诗[M].北京:中华书局,1983:1699.
② 逯钦立辑校.先秦汉魏晋南北朝诗[M].北京:中华书局,1983:1204.
③ 中华书局编辑部点校.全唐诗(增订本):卷48[M].北京:中华书局,1999:585.

几时见得",末几句又跌入衰境,"想其盛时,感其衰时"(周济),想梅花片片吹落,有情人却相见无期,将无限离别伤感之情推到了极致。

《疏影》一词尤为精绝。上片起首句"苔枝缀玉,有翠禽小小,枝上同宿",写梅之姿色及翠鸟宿卧其上的可人情状,暗用典故:隋开皇年间,赵师雄至罗浮山,梅林中遇美人与绿衣童子,与美人对酌,"师雄醉寐,但觉风寒相袭,久之东方已白,起视大梅花树上有翠羽剌嘈相顾,月落参横,惆怅而已"(曾慥《类说》所引《异人录》),那梅花就成了罗浮山的梅花女神。"客里相逢,篱角黄昏,无言自倚修竹",写客中相逢,黄昏时分,枝头篱角,梅花"无言自倚修竹",这梅花分明就是一位幽独高洁、自叹迟暮的美人!杜甫有《佳人》诗,"绝代有佳人,幽居在空谷","天寒翠袖薄,日暮倚修竹",词用此诗意。这句与《暗香》词中"竹外疏花"相照应,以竹衬梅,尤显高洁脱俗;日暮倚修竹,更多几份清寒。"昭君不惯胡沙远,但暗忆、江南江北。想佩环、月夜归来,化作此花幽独"几句用王昭君典故,着笔尤多。由"黄昏"时的梅转入写月夜中的梅花。月下梅花幽独,词人想这梅花大概是昭君魂魄所化,她不习惯胡地的生活,暗忆江南江北,月夜归来,仿佛听得见她归来时的环佩之璆然。

杜甫有《咏怀古迹五首》,其三写昭君"画图省识春风面,环佩空归月夜魂",姜夔此词化用杜甫诗句及诗意。用王昭君远离故国,魂魄思归,亦暗含南宋偏安江左,君臣思归故国之痛。

下片起首"犹记深宫旧事,那人正睡里,飞近蛾绿",用寿阳公主典故写梅花飘落的情状,又用旧时宫中之事表现对昔日安详生活怀念追忆之情。《太平御览》引《杂五行书》记:"宋武帝女寿阳公主,人日卧于含章殿檐下,梅花落公主额上,成五出花,拂之不去。皇后留之,看得几时,经三日,洗之乃落。宫女奇其异,竞效之,今'梅花妆'是也。""莫似春风,不管盈盈,早与安排金屋",用汉武帝"金屋藏娇"的典故,表达惜花护花之情。不要像春风那样无情地吹落花朵,早给花儿安排金屋将她珍藏起来,使她勿受风雨的摧残而凋落。"还教一片随波去,又却怨、玉龙哀曲",然而,风儿还是将一片吹落,任其随波逝去。玉龙哀曲,指《梅花落》笛曲,玉龙指玉笛,李白有诗句"黄鹤楼中吹玉笛,江城五月落梅花"(《与史郎中钦听黄鹤楼上吹笛》)[①]。落花随波,却埋怨笛曲《梅花落》的罪过,这无理的埋怨正见惜花无比的词心。这里又与《暗香》一词中的"梅边吹笛"相照应。周济认为"莫似"以下五句,"不能挽留,听其自为盛衰"。"等恁时、重觅幽香,已入小窗横幅",待梅花落尽时,再觅梅的幽香,不独幽香不再,只能欣赏月下梅枝在小窗的投影了,虽然虬枝横斜,

---

① (清)王琦注.李太白全集:卷22[M].北京:中华书局,1977:1077.

独具美感,但总觉遗憾。这三句与《暗香》首句"旧时月色"及"香冷入瑶席"相照应。

　　《暗香》《疏影》是姜夔同时所写咏梅之作,《疏影》一词大量化用典故,以人写花,将梅花拟人化,写其幽独高洁的姿态和品行。两首词内容上相互照应绾合,使得二词成为一个整体,多层次、立体化地写出梅花的境界。词几次化用唐人的诗句诗意,丰富了词的意境,这也说明了宋词与唐诗密不可分的关系,唐诗为宋词提供了丰富的意象宝库,宋词则借助长短句式,打破唐诗的齐言形式,使得词句充满新鲜的生命活力。

下编　疑义相与析

过于耀眼的光
——论柏拉图强德性论伦理学

首都经济贸易大学文化与传播学院　何　磊

常使世间成为地狱的,正是人试图使其成为天堂的东西。

一、合"正义"的德性与合"德性"地造人

《理想国》的德性论伦理始于对"正义"的探讨。柏拉图(虽然文本中的对话主角是"苏格拉底")在分别否定了别人(主要代表智者的观点)关于正义的四个定义(还债、说真话;帮助友人伤害敌人;强者的利益;弱者的妥协)之后,主张通过类比的方法,由"大写的字"类比"小写的字"①,即由城邦的正义类比得出个人的正义,最终得出"正义"的定义。

每个人的禀赋都是不同的,因而他认为,每个人只做最适合自己的一件事比同时做很多事情要好②。所以,对于一个社会而言,正义、公正在于各阶层(城邦中对应为统治者—保卫者—生产者)各司其职,最重要的是互不僭越、各尽其责。柏拉图继而由城邦的正义推出个人的正义:个人的正义便在于理性统摄下的,三种品质(德性)各自发挥作用,各尽其责、互不僭越③。

不难看出,柏拉图在回答"什么是正义"的问题上,实际上是将正义与人的德性联系在一起,并认为前者取决于后者。德性,希腊文,原意为"任何事物区别于他物的特性",即"特性"。当被用于指涉人在社会中的品质与优点时,希腊文"arete"便获得了伦理的意义。此时,arete 成为"品质"④,暂且忽略这种由人的品质规定出的正义是否有效,我们看到,柏拉图据此而继续展开的,是一整套大规模的"造人运动"。

在柏拉图那里,优秀的城邦必定是优秀的人的城邦,优秀的人必须全面优秀。

---

①　柏拉图. 理想国[M]. 郭斌和,张竹明,译. 北京:商务印书馆,1986:57.
②　柏拉图. 理想国[M]. 郭斌和,张竹明,译. 北京:商务印书馆,1986:59.
③　柏拉图. 理想国[M]. 郭斌和,张竹明,译. 北京:商务印书馆,1986:168 – 169.
④　亚里士多德. 尼各马可伦理学[M]. 廖申白,译. 北京:商务印书馆,2003:34.

因此,合德性地"造人",亦即合德性地教育,便成为《理想国》论述中很重要的组成部分。他对言说神的原则进行规定,对音乐与体育之于心灵的作用加以强调,将诗人与画家赶出未来的城邦……事无巨细,一切皆为合乎"德性"地造人。这些关于教育的论述,至今仍是教育史上的经典,然而同样不可否认的是,我们在这合乎德性的"造人运动"中,总是隐约感到难以言喻的不安①。

造人的起点并非随意的"已被创造的"婴儿,而是要从精卵合子之前便开始谋划。理想国的基因库是共有的,因为男女共家。挑选最优秀的男人与最优秀的女人,"尽多结合在一起",由城邦的总设计师(具有真正智慧的人)决定结婚与生育的时机,保证未来城邦接班人的质量。我们看到,在生育问题上,柏拉图表现出少有的生物学素养:对于如何生育出最优秀的孩子(在今天可称作"优生学"),柏拉图显然了然于胸,因为男女双方及生育时机都是精心挑选与设计的;至于万一出现疏忽,或者超出人力控制的范围,生出了先天有缺陷(显然是生理缺陷)的孩子,柏拉图则认为,须"秘密地加以处理,有关情况谁都不清楚"②。在保证生育质量的基础上,便可对这些优质的孩子进行音乐、体育的教育,最终按照各自阶层所属,将他们培养成为未来城邦的公民。也就是合德性的、知正义的公民。

这样造就出的智慧·勇敢·节制三位一体的正义的城邦,是由智慧的领导者、勇敢的护卫者以及节制的生产者组成的。毋庸置疑的是,领导者是内心理性、身体康健的强者,而且是最强者(具有理性才是真正的强势),因而应由这样的强者根据理性的要求进行规划设计,造出智慧·勇敢·节制三位一体的城邦。那么,我们蠢蠢欲动的小人之心不禁要问:这样强者规划设计出的正义不正是强者的利益?当强者成为一切人,弱者就失却了在城邦内存在的余地与必要。

二、正义的合"理性"与理性的谮妄

看了《理想国》之后,怀抱各种各样目的的哲学家、政治家都可以从中找到自己理论合理化解释的充沛源头,比如,人种论者便可以从柏拉图的"造人"论说中为自己的理论提出合理辩护。而处于后现代境遇中的我们似乎可以毫不犹豫地给柏拉图贴上"专制主义者""精英主义者"乃至"独裁者",这些在今天极吸引眼球的标签,很多哲学家,尤其是政治哲学家也正是这么做的。因为我们在理想国中分明看到了今日专制恐怖的影像:书报审查、极权、人种论(难道理想国中残障婴儿的生命权就真的不比现实中苏格拉底的生命权?)等。但这样急于下结论、贴标签不过

---

① 关于"造人",见柏拉图. 理想国:第五卷[M]. 郭斌和,张竹明,译. 北京:商务印书馆,1986.
② 柏拉图. 理想国[M]. 郭斌和,张竹明,译. 北京:商务印书馆,1986:194.

是犯时代错误（anachronistic）而已，我们首先需要去做的事情是，理解柏拉图的德性论是如何推出的。

我们且将眼光转向柏拉图纯粹哲学的本体论："相论"（Doctrine of Eidos）上。在《理想国》《会饮篇》等多篇对话录中，柏拉图运用众多隐喻提出他的"相论"。我们将"相论"的要点概括如下：

（1）相（eidos）是事物的共相，是事物的类概念或本质；

（2）相是事物存在的依据，个别事物只有分有相才得以存在；

（3）相是事物模仿的原型，比个别事物更加完满、真实；

（4）相是事物追求的目的，事物的存在目标就在于追求其本质——相。

根据这样的"相论"，似可合乎逻辑地推导出"国家（城邦）乃大写的人"：既然柏拉图的伦理毫无疑问是城邦本位的，那么城邦（共同体）便是"大写的人"；个人只有在城邦中，才具有存在的意义；个人比起城邦来说，显然是相对不"完满"的；个人德性修为的目的，也在于培育出适合自己的品质，以便在城邦中找到自己的定位，维持城邦各层级各尽其责、互不僭越，即正义。

在看待这样一种由本体论开出的伦理学时，无法规避与忽略的是城邦雅典的历史背景，无须赘言，亦非本文所涉主旨。值得注意的是，柏拉图的个人经历，似乎是他的这种德性伦理学产生的重要因素：贵族出生，因而其所受良好教育毋庸置疑。更重要的，乃是因为其师苏格拉底。苏格拉底死于暴民民主，对柏拉图的内心必然产生了极大的震撼作用。很明显，柏拉图对群氓的参政能力进行过反思。因而，在《理想国》讨论正义时，柏拉图主张从整个城邦而非单个的人出发，经由其个人实际能力禀赋及在城邦中的现实社会角色定位，确定什么是真正符合个人的德性。继而主张保养、发挥适合个人的德性，社会便得正义与和谐。

问题是，怎样才能保证这样一种"城邦—公民"的本体论是正确的，或者说合适的？罗尔斯曾提到，功利主义通过类比个人与社会得出"最大多数人的最大多数幸福"，而这种作为前提的类比并不成立，因为个人的原则与社会的原则并不想当然的相同。比如，个人可以舍小家顾大家地为众人牺牲自己，而社会并不能因为多数人的生命要求某人牺牲自己的生命。那么，柏拉图如何保证这种由共同体推至个人的路线合法而有效呢？

柏拉图的回答必然是：理性。而且，既然哲学王的领导合乎内在的理性（在柏拉图看来是与天地六合宇宙相通的，如数学、几何般颠扑不破的理性）便不需要法作为外在约束。也就是说，理性保证德性，保证对德性的正确认识；保证统治者对于被统治者的统治的内在合法性（"统治乃是为了让大家在同一指导下成为朋友成为平等者"①）；甚至保证对"劣等"婴孩的合"正义"处置。

重新审视这个指导一切的理性，我们可以看出，柏拉图继承与发挥了巴门尼德的"两条道路"。在巴门尼德那里，"意见之路"将人引向的是"不是"，因而实际上是不存在的。而柏拉图承认有既"是"又"不是"的世界，即"现象界"。但认为，对于它的认识是"意见"（doxa），而对于本体界（即"相"）的认识才是"真知"（episteme），对于这种真知的认识，只能是理性的功能。

我们生活于其中的流变无常的世界，就是柏拉图所说的既"是"又"不是"的生灭"现象界"。所以，柏拉图的强理性便从本体论上拒斥了常人从"现象界"出发进行"意见"的理解。因此，由理性确保的真理对于意见的绝对主导，才是理解柏拉图的强理性德性论伦理（乃至其整个哲学）的关键。

三、过于耀眼的光

柏拉图的哲学，区分出了理性的自我与绝对的他者，同时却否定他者的绝对他性（即虽承认相对于"本体界"的他者"现象界"的存在，但不承认关于现象界认识的有效性）因而造成了分裂：理性可知的"本体界"实际上成为作为他者的"现象界"的主宰者；同时理性的"哲学王"（philosopher king）也成为作为他者的群氓（the crowd）的主宰者，而且这主宰天经地义（因为理性是通于天地六合的）。然而事实上，过于强烈的这道闪光只昭示了自身，却将自身以外的他者置于相对于自身的晦暗不明中（或许理性保证的真理就是如此这般?）。强理性所致的二元分裂却造就了西方思想的一大特征，其裂痕至今仍未弥合。

柏拉图之后，希腊哲学家对于"什么是真理、什么是幸福"又陷入了莫衷一是的状况，独断论与怀疑论各执一端、僵持不下，哲学本身的光芒由于对真理的过度执着，或者说对真理与意见的分判以及真理主导意见②的过度执着——反而消隐了。《约翰福音》中闇与光的对立③在某种程度上也反映了这种状况。在这个时候，基督教哲学（神学）的出现，以对基督真理的信靠取代了对于真理的探究以及关于真理的一切争论，西方社会也最终随着基督教地位的确立进入了信仰主导（与

---

① 柏拉图．理想国［M］．郭斌和，张竹明，译．北京：商务印书馆，1986：384.

② "在我看来，失手杀人其罪尚小，混淆美丑、善恶、正义与不正义，欺世惑众，其罪大矣。"柏拉图．理想国［M］．郭斌和，张竹明，译．北京：商务印书馆，1986：384.

③ "这光照在黑暗中，但黑暗却拒绝光。"《约翰福音》1：5。值得注意的是，圣经中光与闇的绝对对立由希腊文化的来源有二：一为希腊神话中神与人的绝对对立；一为真理与意见的绝对对立。

柏拉图《理想国》中的真知主导大异其趣）的中世纪。信仰所指的上帝，取代了理性所指的"本体界"，成为一切知识、伦理的最终保障，理性指导的德性论伦理亦最终为基督教的神学规范伦理所取代。

芥川龙之介曾描写过他在北京寺庙的见闻：有些佛像是被布幔遮住的，信徒可以花上几个铜板，让僧人将布幔撩开，以窥见佛像的真实面貌。当光照耀到佛像上，人们便看到了佛像。同样的，哲学，也许就像那透过布幔遮挡从而使人得以窥见佛像真面目的光一般：当哲学之光照耀于世界时，世界的"本体"（noumenon）便显现出来，这就是"现象"的过程。从字源上看，"现象"这个词：phaenoumenon，乃是由 phae（光）和 noumenon（本体）两部分构成。"光"照耀于"本体"时，便是现象。哲学的目的，正是试图让世界的"本体"显现出来。根据康德的理解，哲学这种光不同于自然科学，后者将知性的范畴加诸世界，然而这些范畴、规律等并不属于世界"本体"。世界本体作为世界本身是其所是，无须任何静止的"名言"加诸其上。哲学于是只以自己的方式观照这个世界，哲学的话语，与其说是在解释世界，毋宁说是在试图言说不能言说的世界。因而，作为哲学的分支，伦理学的体系对于人类社会"本体"而言，也不是唯一的，不同的伦理体系以各自的方式观照、指导人类的行为。

"人类可以共存，只要他们都知晓：彼此虽不同，但都具有同等的人性；但人类也可藉否认他人同等的人性而共存，只是其结果是建立一个互相从属的体系"①。这样看来，柏拉图的强理性德性论伦理，并不像是温和地进行"现象"的光，而更像是一道强光（闪电），撕破雨夜的黑幕，在昭示自身的同时揭示出他者的黑暗。

然而，身为群氓一员的我、你、他……在柏拉图的世界里，恐怕只能安分守己地在夜的漆黑中等待闪电的光临，或者被照亮，或者被击毙。

---

① 列维—斯特劳斯．忧郁的热带［M］．王志明，译．北京：三联书店，2005：178.

福柯·哲学·殉道

首都经济贸易大学文化与传播学院　何　磊

一、屈折语分析

对于 20 世纪西方哲学来说,最重大的标志性变化莫过于所谓"语言学转向"。这本无可厚非,随着实证主义、分析哲学、自然科学及各门实证科学的日益兴起,哲学再也没有理由不证自明地以"博物学"或"科学之科学"自居。以往的哲人,在现代哲学家(尤其是英美哲学家)眼中,似乎都是在非法地运用语言资源,言说着无法证实或证伪的理论,追求着"私人"体系内的自洽,甚至,连"自洽"也无法达到。

哲学的危机,至少哲学"语言"的危机,对于汉语使用者来说似乎很难理解:语言的使用竟也成了攸关存亡的问题。需要清楚的是,汉语跟西语(印欧语系诸语)极为不同,即孤立语与屈折语的巨大差别。通俗地说,作为屈折语的西语,富有时态与位格的区分,虽然词根相对固定,但随着词的屈折变化,由时态、位格所致语义之差可判若霄壤。我们不妨做一种隐喻式的理解:哲学的语言学转向乃是西语本性使然——随着时间的大流,是时候厘清语言的屈折变化了。从"隐喻"意义上说,语言的变化,正是人为加诸语言的价值,以及"意义"的变化。因此,极有必要对其进行澄清,使依赖语言的哲学摆脱其时态混淆(anachronistic)的局面。

在福柯之前,法国现象学——存在主义、结构主义诸流派早已跟随索绪尔语言学及分析哲学的新发展,完成了各自的"语言学转向"。福柯无法规避语言,相反,他的哲学探究正始于此。对于语言的分析,福柯采取了"考古学"方法,如同考古学分析地层断面一般,知识"考古学"力图从"共时态"(即以现代视角出发,同时考察类似的一组概念)来探究加诸对象的价值、"意义"(语词的屈折变化),忽略"历时态"的无断层替嬗。

作为福柯最为关注的范畴,对"同性爱"(pederasty)的考古学探究,充分体现了这一结构主义原则。在《性经验史》中,通过对史料的考证,福柯让我们看到,"同性爱"这一看似连续(历时)的概念,在不同的时代,却具有极为不同的含义:在城邦希腊,同性爱是一种接受一定原则指导的审美—哲学实践,它甚至无损于"自然"的婚姻制度,甚至是一种更值得褒扬的生存美学;在希腊化—罗马时期,它是一种受到日渐"辖域化"的一夫一妻制度质疑的,但仍可讨论并接受①的生活形式;随着基督教伦理逐步取得主流伦理的地位,有关此一实践的伦理探讨才发生异质性的断裂——中世纪以降,同性爱才成为与主流伦理对立的"异端"行径。需要注意的是,这一"异端"与古希腊文明作为异教文明的"异端"是等值的。两者都是与基督教价值相左的,需要加以控制乃至根除的"他者"。

二、他者的显现

至此,便涉及了"他者"(L'autre;the Other)的概念。一如语言的屈折,这也是中文语境中的人们所不易理解的概念。"他者"不同于"异己",也不同于"非我族类",应该说,他者不仅是异己,且比异己调值更高,更为可怖与邪恶。在基督教文化中,作为与撒旦、犹大相类的概念,"他者"更多地被赋予了一种否定与邪恶的意味。

指认"他者"所凭据的是一种"区分"的逻辑,即泾渭分明的界限划分:正统—异端;好人—坏人;正常—异常;异性爱—同性爱;男人—女人②。"区分"并不止步于正与反的分判,分判乃是为了征服与控制。因此,区分的逻辑暴露出"欲擒故纵"式的吊诡。为了更好、更方便地控制与利用,区分不失为一种最经济的策略:通过人为区分出与自己(主导者)相反的对立面,通过否定性价值的赋予(将黏着部加诸词根),使其成为主导者得以合法利用的政治—策略资源。

经由知识的"考古学",区分逻辑背后的权力运作昭然若揭。而且,我们不难看出,这种区分的权力运作并非仅出现于人们通常认为的压抑越来越盛行的中世纪以至资本主义兴起之后。相反,区分的逻辑古已有之。在通常被认为是最自由、宽容、开放的古希腊,其性实践中的混沌与暧昧,也包含根深蒂固的区分逻辑:婚姻中男人对于女人的主导自毋庸赘言(女人甚至没有公民权),即使是发生于看似地位平等的男性公民主体间的同性爱③实践(以现代眼光看来极为自由),也必须服从"区分—主导"的原则,具体体现为:①爱者(lover)与被爱(beloved)的区分(攻势对于守势的主导);②双方年龄、学识的适度差异(长者对于若者的主导);③理性

---

① 《性史》中引用了大量的斯多亚学派文献,如爱比克泰德的《对谈录》,其中不乏对此问题的哲学论争。

② 正反分判绝非"天然"如此,无论从实证科学意义上(性别并非完全天生),还是从哲学意义上(庄子"现象学")。

③ Pederasty 的本原意义为年龄、地位、学识有适度差别的男性公民之间的爱欲关系,与别的意义(如"娈童")无关。Robert H Allen. *The Classical Origins of Modern Homophobia* [M]. Jefferson:McFarland & Company,Inc. ,Publishers,2006:12.

对于欲望的去肉欲化主导,即爱欲(eros 欲望)对于肉欲(aphrodite 欲望)的主导。在这些原则中,前一方享有绝对的主导权。符合这些原则的同性爱实践,是体面、合哲学与审美的,也正是诸如《会饮》之类的哲学著作中所体现的:爱者合乎理性的实践是高尚的,满足古希腊人伦理洁癖的,与哲学"爱智慧"有关的高级行为,而耽于肉欲欲望之爱欲践行的人(无论其具体性取向、性实践采取何种形式)则为人轻视与不齿①。因为前者符合"主导"的原则——对晚辈的年龄主导,对他人的爱欲主导,对自身的理性主导。

三、吊诡的身体

福柯式"考古"力图澄清,权力的主导一以贯之。非但如此,身处权力结构中的每个人都是权力形成机制的参与者。亦即,我们既被权力机制中介塑型,又进一步与闻权力"欲擒故纵"的游戏,使其循环往复,生生不息。在福柯看来,政治的吊诡在于,它按照分判的原则,将身体纳入象征化的策略模式②,身体成为最大的"他者"。作为最重大的认知对象,身体成为权力(外在力量)与力比多弗罗伊德较量的战场。福柯否定性的被压抑,但作为性主体的身体,长久以来都是被权力在其内部加以塑造与规定的。

"考古学"注重理论、话语、知识型分析,为了将话语置于社会背景与政治背景中加以考察,必须更直接地关注实践与制度。而为了更加深入地分析身体与知识的"辖域化",以探索可能的"解放"之道,福柯在 1970 年开始转向系谱学,转向对物质性制度和权力形式的理论分析:分析话语的有效(物质)构成,研究知识意志及由此产生的权力后果。

"考古学"与"谱系学"的相同之处在于,两者都从一种微观角度审视社会领域,力图发现推论的非连续性与分散多元性,以此对抗同一性、总体化,通过主体的去中心化来涤除人本主义假设,批判现代理性。不同之处在于,系谱学更强调话语的物质条件,从制度、政治事件、经济实践及过程等方面界定话语的物质条件,将权力的运作当作主要研究课题;考古学主要是分析局部推论性话语的方法,而系谱学则是解放处于从属地位的知识的一种策略;考古学揭示主体作为虚构物,而系谱学则揭示主体的物质背景、"主体化"过程的政治后果,以此帮助形成对主体化的抵抗;考古学揭露虚妄的人本主义假设,而系谱学将这些理论同权力的运作联系起来,使其在局部斗争中发挥作用;考古学揭示了人文科学、"人"的诞生过程,系谱

---

① K J Dover. *Greek Homosexuality*[M]. Boston:Harvard University,2004.
② 性肉体的歇斯底里化;儿童的性"教育"化;生殖的社会化;反常快感的"精神病化"。

学强调它们产生的权力及效应关系。综上,考古学与系谱学不是简单的"唯心"与"唯物"之分,系谱学是对福柯早期著作中历史方法的延伸性阐述。

四、解放的悖论

然而,"考古学"与"谱系学"的"(后)结构主义"方法,最终都是为了解构加诸身体之上的结构压迫,将性与其主体从权力结构中解放出来,使其复归为纯粹与自足的游戏主体。其所以纯粹,是因为身体在此摆脱了由结构赋予的价值与"意义",仅保留原初的"快乐"①价值,而且,这是否弃了社会功能(生育、认知功能与阶层标识)之后的快乐;其所以自足,是因为身体纯粹的快乐,就是生命力量战胜权力结构之后所得的胜利快感,亦即,解放的快感。

福柯对现代性的评价过低,尽管晚期福柯开始承认启蒙理性的积极方面,但未能用这种态度去评价现代制度和现代技术,未能指出现代性的任何进步方面,忽视了其在促进自由、法律、平等方面的任何意义。

然而总体来说,福柯提出的"解放"路径倾向于片面:考古学将话语凌驾于制度与实践之上,系谱学对统治的强调甚于抵抗与自我建构,晚期的自我建构又脱离了社会权力与统治②。

首先,他未能提出抵抗权力的具体实践,亦未能澄清一些重要的概念,如,斗争、力量关系、抵抗和反对等词汇的具体含义,缺乏实际的政治向度。福柯权力理论使人有沦为犬儒的危险:从方法论上悬搁了谁使用、为何使用权力的问题,聚焦于其运作,忽视了现实中具体可辨识的、处于经济政治要位上的行为者对权力的控制。

其次,他未能说明微观政治如何能够结成一个反霸权的联盟,如何发展反抗性的政治运动等问题。未能很好地说明国家、资本等宏观权力的作用,严重低估了暴力与压迫的实际后果。微观视角仍需要与宏观视角相结合,以此说明国家控制、阶级统治等当代实际问题。

更为根本的,福柯反对总体化概念的同时又经常使用总体化叙述,造成"述行矛盾"。未能区分合法与非法的总体及宏观理论类型;许多地方违反了"差异"原则;如,将现代性当成铁板一块。福柯的著作摇摆在总体化—非总体化、话语政治—生物政治、摧毁主体—重建主体之间,既攻击统治形式又回避规范性语言与元

---

① 如,向 gay 的本意回归。
② 贝斯特,凯尔纳. 后现代理论:批判性的质疑[M]. 张志斌,译. 北京:中央编译出版社,2002:44 - 97.

话语。福柯身上体现了前现代、现代、后现代的复杂、折中的混合,其中,后现代成分在晚期逐渐淡化为其著作的背景。

后现代的解构不乏阿Q精神。脱离了社会结构的身体,其对于快感的真切体认究竟该如何自足与纯粹? 既然权力与身体皆内在于结构,而快感又来源于战胜权力的解放。那么,身体单方面的退出便意味着战争的终止。生命力量既无斗争对象(快感又从何而来?),又不会永不衰竭(须知,能量是守恒的),因而消解了束缚的身体,恐怕终究只能是无所依归的一股能量,一道流星。而这,也正为福柯的个人实践所印证。将其生存美学践行称为"受难"或"殉道"①应不为过。

---

① 一本很出名的福柯传记叫作 *Foucault's Passion*(James Miller 著,中文译名为《福柯的生死爱欲》,高毅译,上海:上海人民出版社,2005 年版),而 passion 一词源于拉丁语 passio,本身就兼有"受难/殉道"与"激情"两义。

新媒体环境对大学生写作的影响和应对策略

首都经济贸易大学文化与传播学院　朱　琳

继报刊、广播、电视等传统媒体发展起来的新媒体形态,在当今社会发生的影响巨大而广泛,以至于这个时代也被称作新媒体时代。新媒体环境对大学生的写作活动产生了哪些影响,如何评价这些影响,如何对待这些影响,这是本文所探讨的问题。

一、新媒体对写作活动的积极影响

所谓"新媒体","是指基于计算机信息网络技术,能够在全球范围内即时互动传播信息的大众媒体。简言之,新媒体即网络媒体,目前主要是指互联网和以手机为用户终端的无线通讯平台"①。与传统媒体相比,新媒体在范围上具有即时跨地域传播的特性;在形态上可以在一个传播载体上多媒体传播;在性质上由单向传播变成交互传播。

数字化、跨媒体的新媒体具有信息海量、覆盖面广、速度迅捷和互动性强等特点。大学生群体相对于其他社会群体更易于和善于接受新事物,是新媒体使用的主流人群。新媒体环境给大学生的写作活动带来了积极的影响,至少可以从如下方面看出:

(一)写作材料获取便捷

网络媒体是集各种信息资源于一体的资源网,所发布、储存、传递的信息量都是巨大的,成为无所不包的浩瀚信息库。海量的网页信息、电子版图书资料、不断扩张的数据库,资料公开,获取方便,使得原先需要耗费大量时间和精力才能实现的"占有大量资料",变得轻而易举。在应用写作的课堂教学中,我们在每次课开始安排课堂小演讲环节,要求课前学生自行选材、拟题、撰稿。学生在收集材料上都没有困难,每个话题都能通过网络找到大量资料。多种渠道的信息,不同立场的

基金项目:首都经济贸易大学 2014 年校级教改立项重点项目"新媒体环境下的应用写作课堂教学改革研究"(02091454210116)研究成果。

① 刘正荣. 认识"新媒体"[J]. 中国记者,2007(3).

观念,纷至沓来,形成碰撞,有助于激发学生的自由思想和深度思考,促进写作活动的活跃和繁荣。

(二)作品发表容易

传统媒体时代,写作活动的产品——作品的发表,会受到各种权力话语出于意识形态甄别或是写作水平评判的审查、筛选、制约。学生在学习期间在系、院、校等刊物上发表文章的为少数,在公开发行的大众或专业报刊上发表文章的更是凤毛麟角。而利用新媒体发表作品变得轻而易举,学生可以通过微博、微信等社交媒体的网络个人出版方式,零壁垒进入,自由发布,群体共享。

(三)增强写作动机的自主性

具有开放性、交互性的新媒体的出现,使得写作呈现"全民化",似乎"人人皆写手"。许多大学生抛却了功利心态,乐于以真实身份、匿名身份或虚拟身份用网络、手机等率性写作,随时随地记录生活事件,表达思想情感,发表自己的作品,评论他人的作品,交流沟通。以前可能只有部分学生有铺纸挥笔的习惯,而网络发表的低门槛,导致现今用新媒体形式动笔的学生人数增加,写作的主动性增强。作品无论长短大小,一旦发布,引来点赞、回复、评论,便会使写作者产生成就感,并带来后续写作的动力。

(四)写作形式更为自由

发表形式的自由,带来写作形式的自由。比起传统的纸笔写作,电子文本的写作编辑方便快捷,不必太多考虑传统媒体报纸、刊物等出版物的许多格式规范。语言使用上也更为随意,可以大量使用网络语言、流行语汇。新媒体写作是多形态写作,可以将文本、图片、动画、音频和视频等各种信息形态结合起来,图文并茂,声色兼备。还可以以超链接的方法,使单一文本变成无限延伸扩展的超级文本。

新媒体环境对大学生写作活动的正面的、积极的影响显而易见。但是,文明进步带来的也并非全是福音,技术革命的双刃剑效应逐渐显现。

二、新媒体对写作活动的消极影响

应正视新媒体环境给传统写作带来的改变,以包容的心态去接受新媒体,充分利用和发挥新媒体的先进性,但也要对新媒体写作产生的问题持清醒认识。在写作教学中,我们发现学生普遍存在着写作材料杂乱、随意立论、思路混乱、逻辑不严密和用语失当等问题。这里显露的有的是老问题,显现出从中小学以来语文教学方面的薄弱和欠缺;有的是新媒体环境带来的新问题,或是老问题在新环境下变得更为突出。写作主体在新媒体环境下发生的令人担忧的变化主要有三点。

（一）取材惰性化

信息海量化一方面使得写作者可以通过对不同来源、不同质量的信息的搜集，更好地去把握事物的复杂性，获得自由、创造的机遇；但另一方面，浩瀚驳杂的信息鱼龙混杂，充斥不良信息、虚假信息，有价值的信息常被淹没于零散、冗余、无价值的信息中，写作者容易陷入"乱花迷人眼"的境地，可能追逐潮流而失去独立判断，沉迷于浅薄而疏于深入，纠结于枝节而错失整体，关注外部而忽略内在本质。

获取材料的便捷，也使得写作主体很容易产生惰性和依赖性。在学生的习作中可见，写作材料基本来自网络。例如，学生在准备演讲稿时，基本上只从网络取材。材料获取容易，数量众多，文字、图像、视频，不一而足，铺陈蔓延，却缺少取舍、梳理，主次、详略不分，自己的观点不明朗甚至看不见。

学生若是惯于"复制、粘贴"，长期停留在做网络信息的收集人、搬运工，那么通过社会实践和潜心治学获取和积累写作素材、增强写作修养、提高写作素质的相应的能力就被弱化。

（二）思维碎片化

学生写作中，小到求职信，大到学术论文，都存在逻辑不严密、结构裹杂混乱的问题。这与中小学语文教学中对"逻辑性"的有关重视和训练不够有关。正如有的学者所言：中小学语文教育有两个基本目的："逻辑性"和"文学性"，"某种意义上，'逻辑性'比'文学性'是更为基本的追求"①。但是这个基本目标并没有得以实现，许多高中毕业甚至走入大学校门的学生仍不能写出体现一定逻辑思维能力、文从字顺的文章，而新媒体时代又加剧了这种倾向。

新媒体时代不仅搜集材料的方式发生变化，阅读资料的方式也有了很大的不同。传统媒体时代，新知识的产生速度较为缓慢，资讯的相对匮乏，使得人们对于有限的书刊资料，持认真、投入、沉潜的心态阅读、体悟、思考，读者特别是学人的思考是线性的、持续的、逻辑的，努力追求深入。而处于信息爆炸、知识井喷的环境中，阅读内容短小、杂乱，阅读方式是浏览式、随意性、跳跃式和碎片化的，读者的思维也呈现出零散化、碎片化的特征。微博体的短文字，缺乏完整的思想体系、强大的理性力量。常见的是内容浅显、论证简单、思想零散和逻辑无序，使阅读者对抽

---

① 王彬彬. 中小学语文教育的两个目的[N]. 南方周末,2003 - 04 - 24.

象思维的领悟力,对严肃精神问题的思考力,对理论问题严谨的论证能力的要求降低。

视觉文化对印刷文化的野蛮挤压,也导致了思维能力的退化。很多时候,看图片、影像替代了读书。如果说印刷文化具有挑战心智的特性,那么视觉文化更多提供的是感官飨宴。还要值得一提的是,年轻人在使用新媒介时常处在多任务模式中,注意力容易涣散,思维因此难以深入到所获取信息的深处。在此环境中,深阅读变成浅阅读,严密的思维变成碎片化思维,追根究底变成浅尝辄止。

(三)语言粗糙化

学生写作在语言运用上存在的问题,除以往用词不准确的问题外,突出表现在不分语体,不顾交际目的、交际环境、交际功能的差异,滥用网络语言、时尚语言、粗鄙语言和口头语言。

写作的低门槛、大众化、平民化,使得写作变得随意,打破了权力、精英垄断,但也使得写作变成大批量的垃圾制造。许多作品不仅在思想内容上空虚浅薄,语言上也低劣、粗鄙。语言的发展,是语言文字和文化的生命力所在。网络语言是网络化社会中产生的新事物和新文化,丰富了社会语言生活。但现实中存在着网络语言失范的现象,一是有违语言规律,求新求异过度。有的随心所欲,滥用错别字、乱造简化字、随意使用字母、数字、图形、符号代替汉字,导致用字、用词混乱,甚至明显违背汉语言的最基本常规;二是有违语言文明,使用粗俗、野蛮、下作语言和进行谩骂、人身攻击。若长期接触的是这些随意写作,并以此风格写作,良好的语言素养就无从谈起。

三、面对新媒体环境的应对策略

不管是为新媒体时代带来的发展热烈欢呼,还是对造成的影响忧心忡忡,变化是现实,是趋势。因此,在高校写作教学中,我们应正视现实,迎接挑战,抓住契机,积极应变。

(一)迎接挑战,积极应变

1. 认识写作变化,充实写作教学内容

要充分认识写作在新媒体时代发生的变化,研究、调整和充实写作理论。不能把新媒体时代的写作变化只看作书写媒介的简单改变。"网络写作具有写作思维模式非线性、写作信息元素动态性、写作流程交互性的特征"①。这些新的特征,不

---

① 杜若松. 关于新媒体时代下高师院校写作教学的思考[J]. 长春师范学院学报(人文社会科学版),2010(1).

仅对于写作者从取材、立意、构思到表达,产生直接的影响,而且对写作者思维方式、治学方法、人格养成等也有深层的、潜在的影响。新媒体环境对写作的影响是什么,如何去应对,新媒体写作的思维规律、文体规范、语言特点是什么,对写作者素质有什么新要求,都是教学工作者需要去研究的问题,并把这些研究形成的新理论运用到教学实践中去。

在课堂教学中应增加关于新媒体写作的基本理论、写作方法的内容,可以把微博写作,电子邮件,手机短信等新媒体文体纳入教学内容。尤其要关注传统文体在新媒体写作中产生了哪些变化。例如,通过官方微博发布的政务信息,与传统的公文写作相比有哪些异同;专业文书如电子合同、网络广告写作有什么新特点;数字化的"新新闻文体"与传统媒体写作有何异同等。面对新变化,写作教师应及时更新知识体系,更新写作理念,充实教学内容,适应时代需求。

2. 利用新媒体优势开展教学

(1)充分利用网络丰富的教学资源,拓展写作活水源头。充分利用网络资源,丰富写作教学内容,激发学生的写作兴趣。教师备课时,随时通过网络搜索各种有效信息整合到自己的教学中,突出应用文写作与时俱进的特点。鼓励和引导学生突破有限生活的局限,利用网络自主学习,培养开阔视野和开放胸怀,对网络信息资源进行甄别、筛选、加工处理,触发写作灵感,获取丰富论据,恰当地运用在写作中。

(2)利用多媒体形式,提高教学成效。应用写作课堂教学的 PPT 课件制作,不求声光音色的炫目悦耳,而是以简介文字提纲挈领,讲解要点。更主要的是向学生展示大量的阅读材料,供分析的实例,不断从正反面示例,为学生增加写作借鉴。应用写作与社会生活关系密切,在教学中应经常用新案例,说身边事,真实而非模拟性的实例,更容易引发学生的兴趣。

(3)建立互动平台,调动学生写作兴趣。一方面,通过校园网,建设好写作课程教学网站,打造写作教学活动的优质平台。网站除了提供资料库,建立教学管理系统,更有意义的是建立互动系统。学生在网络上发表自己的作文,有了一定的读者群,改变教师是他们作文唯一读者的现状,激发他们通过写作得到更多读者评价和肯定的愿望。网络的互动性,可以使学生得到教师更有针对性的指导,与更多的读者进行交流。通过教与学的交流和互动,促进学生进行自主性、探究性的学习。另一方面,鼓励学生积极开展网络写作,将自己的作品发表在博客、微博、论坛和个人网站等互动平台,所有网友都可能成为读者,可以做出真实的评价。教师可以通过网络资源共享,实现对学生作文的浏览及评价。在互动的过程中,学生能够体验到写作的价值与快乐,内在的创作动机得以激发并维持。在鼓励学生写作的同时,教师也尽可能开设教学博客,与学生互动交流,教学相长。

(二)立足写作根本,培养学生基本写作能力

新媒体对于传统的写作理念、写作方式产生了巨大的影响,迫使人们不得不做出相应的调整。但是,新媒体并没有从根本上改变写作的本质和复杂的精神创造活动的基本规律。从这个角度讲,新媒体写作是传统写作的传承、发展、延伸、补充,而不是彻底的颠覆。尤其是在现实生活中实用性强、使用频率高、规范性突出的公务文书、通用文书、专业文书等应用文体,仍要遵守传统写作的基本规则。因此,高校应用写作教学仍要以传统写作的学习作为基本立场。要写出高质量的文章,首先要从提高写作主体水平做起。在教学活动中,特别关注以下三点。

1. 倡导良好的读书习惯

新媒体包罗万象、形态多样的信息,一方面给人们带来了丰富的资讯享受和阅听快感;另一方面也助长了易于即时理解和吸收的"快餐式文化"的盛行。根据人民日报 2012 年针对 8 万多名受众所做的一项调查结果显示,在新媒体环境中,受众"碎片化"消费趋势初显。近四成人习惯于"先看标题,如果感兴趣就往下看","从头到尾仔细看"的人不到 5%。这种阅读习惯助长了大学生的浮躁心理,愿意接受轻松的快餐文化,畏惧、躲避深刻的、需要费心思索的内容。还有许多书刊强化直观的图片信息,缩减抽象的文字信息,阅读活动正在由抽象的文字接受变为直观的图像吸收。

在数字化生存的时代,社会上,包括大学生对于阅读抱着越来越强烈的功利化、浅表化心态。为作文而读书多,为求知而读书少;上网浏览多,读纸质书少;电脑储存资料多,真正阅读少;接触转手资料多,阅读原文少;零散阅读多,系统阅读少。陈平原先生说:"对于人文学者来说,'阅读'本身便是一门学问,远不只是找寻与论题相关的资料,更包含着体会、反省、怀疑、选择。""'快速浏览'造成'虚拟的博学',同时割裂了原先合而为一的获取知识与养成人格。"①虽然谈的是人文研究,但对其他学问研究、治学也有警醒作用。

强调素质教育的现代大学教育,要特别注重对学生内在的、具有持久影响的基本素养的培养,引导学生建立良好的阅读习惯。尤其是建立和保持对纸质书籍、经典原创性著作的阅读习惯。新媒体阅读,面对海量信息,目不暇接,阅读者很容易

---

① 陈平原. 数码时代的人文研究[J]. 学术界,2000(5).

被淹没于其中。而传统的纸质文本阅读,允许并要求阅读者细读、记录、思考,在阅读过程中思维能力得以锻炼和提升。

2. 培养严密的逻辑思维能力

写作者必须具备的基本的写作能力,包括:摄取能力、思维能力和语言能力等一系列能力,而思维能力是写作能力中的关键能力。在今天数字化、网络化社会中,帮助写作者自动写作的写作软件纷纷问世,而且版本不断更新。对于应用文这种格式规范性突出的文种来说,格式、版面示范,可以对写作者起到一定的帮助作用。因此,应用软件可以作为写作的一种辅助工具,但依赖它则肯定是弊远大于利的,电脑不能代替人对生活的感官体验、精神思索和情感反应。在"方便的复制、粘贴、打印"和"自动套用"的变相抄袭中,写作者逃避了写作主体观察、思考、创造的过程,最终会导致思维能力的萎缩。

学生写作中常见思路混乱、条理紊乱、概念不清和轻下判断等问题,懒于做艰苦、深入的思考,不去探究局部与局部、局部与整体的关系,只会说些要点,不会深入论证。要提高写作能力,必须有针对性地训练思维,提高智能。我们在课堂上设计了一系列写作练习,着力提高学生的分析与综合、归纳与演绎能力。写作需要活跃而缜密的思维能力,写作也是训练思维的最直接、最迅速的途径和方法。思维能力,尤其是创造性的思维能力,是无法被电脑完全取代的写作活动的核心要素。

3. 建立明确的文体和语体意识

在网络即时通信工具、手机短信等交流中,会大量采用口语化、随意化、个性化的语言,但不能对文体、语体不加区分地使用。有高校以"淘宝体"向新生发送录取短信:"亲,祝贺你哦! 你被×理工录取了哦! 不错的哦! 211 院校哦! ……"作为面向年轻人、带有喜庆意味的短信,如此使用尚可。但在××公安局的官方微博上发布这样的"淘宝体通缉令":"亲,现在起至 12 月 31 日止,您拨打 24 小时免费客服热线 110,包全身体检、包吃住,还有许多聚划算优惠套餐……"破坏了司法文书的严肃性,使庄重的执法被娱乐化了。新媒体写作丰富了写作的语言和词汇,但需区分写作的不同交际功能,"人艰不拆""十动然拒""不明觉厉""喜大普奔"等这类网络流行语不能随便进入严肃、正式的文书。在公务文书、事务文书、学术论文的写作中,一定要注意语言的准确性、规范性,不随意使用、滥用网络语言、口语俚语、时尚用语、缩略词语。包括上述文书的行款格式要求,也要熟悉并遵守,突出它们的规范特性。

　　新媒体的出现和应用,带来了许多进步和便利,但也必须对由此而来的双面效应有所认识。尽管我们目前尚不能清楚预料未来的发展,有些发展的趋势即使担忧也难以逆转,但目前至少应该对新媒体环境下大学生写作活动和高校应用写作教学产生的影响,知其利查其弊,趋利避害,更主动地、有针对性地提高高校应用写作教学质量和大学生应用文写作能力。

论高校专业课程群建设
——以汉语国际教育专业为例

首都经济贸易大学文化与传播学院　　何　磊

一、高校专业课程群建设的背景

当前,高校专业课程群建设已经成为国内高校课程教学改革过程中不可或缺的重要内容。专业课程群建设的实践、研究、反思、创新也在各大高等院校内蔚然成风,相关的课程群建设研究与实践亦呈日趋成熟之势,由此构成了本文较为扎实的理论与实践依据。在结合汉语国际教育专业建设实例探讨,反思高校课程群建设之前,必须全面回顾这一概念与实践的发展背景,充分了解高校课程群建设的意义所在。唯有如此,才能理解高校专业课程群建设的原则与内容,反思并改善其具体实施方案。

课程群指的是"以现代教育思想和理论为指导,围绕同一专业或不同专业的人才培养目标要求,为完善相应专业学生的知识、能力、素质结构,将相应专业培养方案中的知识、方法、问题等方面具有逻辑联系的若干课程重新规划,整合构建而成的有机的课程系统"[①]。

1990 年,依据"在课程建设中应当以教学计划的整体优化为目标",北京理工大学提出所谓"课群"研究建设的概念[②],开启了中国课程群研究与建设的先河。其后,国内各大高校陆续开展各具特色的课程群建设实践。然而,尽管都采用了"课程群"的名称,各大高校课程群建设实践的内涵却相去甚远。

尽管如此,无论具体的实施主体是哪一所高校,高校专业课程群建设都具有共同的时代背景。根据龙春阳的概括,这一背景包含几个方面:第一,当前的经济社会发展对高校人才培养提出了新要求。在竞争日趋激烈的当代,唯有教育创新才能培养出符合社会需求的人才。作为教育事业的重要组成方面,课程安排与课程教学无疑发挥着至关重要的作用。因此,专业课程群建设的重要性在社会大环境

---

① 龙春阳. 课程群建设:高校课程教学改革的路径选择[J]. 现代教育科学,2010(2):139.

② 王嘉才,等. 课群及其质量检查评估指标体系的研究[J]. 高等工程教育研究,1999(增刊):71,73.

下得以凸显。第二,当前高校毕业生的就业环境日趋严峻。高校扩招使学生基数大幅增长,但社会上却出现了"学生就业难"与"单位招人难"并存的现象。因此,如何改进高校专业课程设置,提升学生素质与能力,也成为高校教学改革的当务之急。第三,高校间竞争日趋激烈。在高等教育大众化时期,扩张规模已无法满足社会需求,唯有提升高校自身内涵,才能凸显高校办学特色。只有通过改革专业课程群建设,才能实现特色办学的长远目标。第四,当前高校课程建设普遍存在诸多问题。同第二点问题相呼应,这一问题导致了学生所学不敷应用、学非所用,而社会所需又无处可学的高等教育窘境。

在以上四点背景之下,高校专业课程群建设成为至关重要的问题。作为首都经济贸易大学年轻的本科专业之一,作为中国"软实力"建设不可或缺的重要环节,作为中国文化"走出去"战略的重要人才支撑,汉语国际教育专业可谓紧随时代发展的脉搏。因此,其课程群建设面临的问题同上述历史背景是一致的。

二、高校专业课程群建设的原则依据

尽管目前关于高校课程群建设的理论探讨与建设实践进行得如火如荼,但总体而言,水准有待提高。概念不明、措施无力、评价失衡的问题仍然存在。李慧仙从澄清课程群的内涵入手,探讨了中国高校课程群建设的主体、客体与重心,深入细致地分析了中国高校专业课程群建设的基础依据,以所谓"高校课程群三论"为依据,为课程群建设打下了扎实的理论与实践基础。

根据李慧仙的分析,建设高等学校专业课程群,必须牢牢把握内涵、建设、评价三方面的要素[①]。这三方面要素的详细阐释,就是"高校课程群三论"。关于课程群建设的内涵,目前的理论与实践中存在诸多误区。对此,李慧仙分析指出:首先,课程群的建设目标,应不具有科研取向,并不在于"打造学科优势",而是在优化教育资源的基础上,完善培养目标和人才规格所要求的学生的认知结构。其次,课程群的组合基础,不应限于某一个学科,应跨学科、跨专业设置课程群,为培养复合型人才所必需,成为一种有益的课程模式。其中,课程间"性质相关或相近""密切联系",不仅应包含学科知识,而且还宜扩展到方法、问题等诸方面,以应对现实世界的纷纭复杂。最后,课程群的组建对象,不能只见"课程"不见"人",离开了一定的施教对象,课程间内容的整合就将因丧失针对性而失去意义,亦即课程应为同一施教对象所开设[①]。

---

① 李慧仙. 高校课程群三论[J]. 煤炭高等教育,2006,24(4):113－115.

综上,李慧仙为"课程群"做出了新型定义,即"为完善同一施教对象的认知结构,将本专业或跨专业培养方案中若干门在知识、方法、问题等方面有逻辑联系的课程加以整合而成的课程体系"①。

论及"高校课程群三论",李慧仙细致而充分地论述了课程群建设过程中需要注意的主客体问题及其重心。认为:课程群建设涉及"课程内容的整合、门数的归并、课时的调整、顺序的安排、教师的选派、设备的使用、经费的分配"等诸多问题,必然涉及所有专业任课教师。所有专业教师应在课程群负责老师的安排指导下各司其职、各尽所能,负责人承担课程群建设的总体规划、人员调配、经费使用等宏观工作,并能胜任多门课程的教学;骨干教师除协助负责人进行总体规划等宏观工作外,还应负责对其讲授的两门以上的课程按照相互协调的原则进行内容和体系的改革;任课教师应在了解课程群内所有课程的基础上,一般应能胜任两门以上课程的教学①。

而上述任课教师安排方式(李慧仙所谓"建设论"的"主体"层面)也正是首都经济贸易大学文化与传播学院汉语言文学系汉语国际教育专业建设专业课程群所依据的人员调度原则。

除此之外,汉语国际教育专业课程群的课程编排方式也同学界公认的专业课程群"建设论"之"客体"层面完全吻合。在课程群规模方面,专业课程群建设规模严格控制在 3 至 6 门课程。在课程类型方面,以课程间逻辑联系为依据,将课程群划分为知识型、方法型、问题型等多种课程。在专业课程群建设兼容并包的同时,致力于最大程度地完善学生的专业知识结构体系。

专业课程群建设的重心问题同样不可忽视,换言之,各门课程内容的整合同样是非常重要的问题。不可使课程群内各门课程呈现相互隔离、相互对立或相互重复的局面,必须"由原来的相互隔离变成相互贯通,由原来的相互重叠转变为相互补充,由原来的相互矛盾转变为相辅相成"②。目前,汉语国际教育专业课程群内各门课程的设置状况看,基本上实现了上述要求。语言(包括汉语语言知识基础与外语课程)、文学(包含中国古典与现当代文学、西方文学与东方文学等课程)、文化(包含中国文化、东西方外国文化等课程),三大门类课程多元并包,切实地做到了各门专业课程的相互贯通、相互补充和相辅相成。

目前,已有诸多高校专业课程群建设研究者清醒地指出,专业课程群建设必须重视科学的课程群评审标准。当前,高等学校专业课程群建设过程中存在着问题,

---

① 李慧仙.高校课程群三论[J].煤炭高等教育,2006,24(4):113-115.
② 范钦珊.面向21世纪的系列课程建设[J].中国高等教育,1997(3):18.

因为"缺乏与单门课程不同的、独立的评审体系(主要包括评审指标和评审程序)"[①]。由此,李慧仙拟出了高校课程群建设的独立评审体系及其指标(见表1)。

表1　高校课程群评审指标

分类	一级指标	二级指标	内　涵
立项指标	组建基础	组合的规模	3 至 6 门课程
		相关专业、学科对课程群组合的认可程度	内在的逻辑联系得到认可
	可行情况	组成群的课程的联系现状	联系较为紧密
		课程群建设的规划	对课程体系整合的目标和计划采取的措施
验收指标	师资队伍	教师的课程群建设理念	所有任课教师对课程群的建设规划有较深入的了解并认同
		教师的课程群教学能力	了解群内课程的内容,胜任至少一门课程教学,并能结合课程群建设,开展相关研究
	课程整合	教学内容的重组	已按建设规划重新组织
		教学内容间的相互关系	逻辑联系紧密,能相互衔接、配合、照应
		课程群群内课程开设的顺序	开设的顺序合理
	建设效果	教学资源的配置	节省或合理利用
		学生认知结构的完善	所学知识融会贯通,综合解决问题能力提高
		对学院、专业人才培养方案的影响	在培养方案得到应用,推广

资料来源:李慧仙. 高校课程群三论[J]. 煤炭高等教育,2006,24(4):113 - 115.

汉语国际教育专业的专业课程群设置及其评审,受到了科学体系的启发与指导。其目的,正是为了公正地评价、保障、推进汉语国际教育专业的专业课程群建设,继而为汉语国际教育专业的学科建设保驾护航。

三、高校专业课程群建设的内容实施

除了李慧仙之外,另有多位高校专业课程群建设研究者提出了各类建设原则。如陆为群指出,高校课程群建设必须遵循相关性、系统性、独立性、创新性、综合性、

科学性、以人为本和科学发展等多条原则①。此外,在高校专业课程群建设的实施过程中,必须处理好三个方面的关系:第一,课程群建设与基础教育改革的关系。第二,课程建设、课程群建设与课程体系建设的关系。第三,课程群建设与专业建设和改革的关系。

由此观之,高等学校专业课程群建设实施过程中的策略导向就明确了。在建设专业课程群过程中,首先,我们必须明确,其前提是更新教学观念、明确指导思想。汉语国际教育专业的办学指导思想是培养沟通古今中外、传播中华文化的跨文化专业人才。其次,课程群建设的基础是明确建设的标准。李慧仙提出的"高校课程评审指标"为我们提供了科学的参考依据。再次,课程群建设的关键在于,科学地构建课程群结构体系。为此,汉语国际教育专业已经建构出"基础课—专业课—实践课"三位一体的课程群结构体系。最后,课程群建设的根本保障在于加强管理与政策扶持。汉语国际教育专业从属于首都经济贸易大学文化与传播学院,接受上级主管部门的管理,同时受到上级的扶持与帮助,因此具有充分而坚实的建设保障基础。

汉语国际教育专业并非首都经济贸易大学的热门专业,但仍然是不少优秀考生的首选,甚至有部分本校优秀学生在大学本科一年之后主动选择从其他专业转入汉语国际教育专业。汉语国际教育专业成立以来,为了突出专业特色,我们在专业定位、课程设置、教学大纲规划与教学计划制订等方面做了多次修订。删去了对学生而言用处不大的课程,增添了非常符合本专业定位的新课程。其根本目的是为了使学生学习的内容既精且专,让学生学有所长,为今后的工作与研究打下坚实的专业基础。

在汉语国际教育专业课程群建设实施的具体过程中,课程群负责人负责制定纲要、协调实施,各课程负责人分别负责本课程建设,课程成员分工合作。在专业课程群总框架确立之后,依次开展各门课程建设,使基础课、专业课、实践课的课程教学与校内外实践形成有机整体。在课程教学实施之后,依据科学的评价体系加以评价,并以学生反馈意见为重要参考评价体系进行方向的修正与改进。

通过对汉语国际教育专业进行专业课程群建设,可以建立起科学、合理、有机、完善的课程体系,整合、充实、关联各门课程的教学内容。在此过程中,为学校培养出一支高水平的课程群师资队伍,完善人才结构,提升人才素养与学生素质,改进教学效果,彰显专业与学院特色,以此影响辐射其他学科基础课及专业课,带动其

---

①　陆为群．高师院校课程群建设的原则和策略[J]．黑龙江高教研究,2007(11):110-112.

他课程、其他专业和其他学院的建设,形成促进学生知识、能力、素质协调发展,结构优化、内容先进的课程体系。

课程群的建设能以线带面,更好地服务于精英人才的培养目标,建设意义是非常明显的。其建设的特色在于抓住专业核心课程模块,理顺各主干课程内容的衔接关系,对课程资源进行整合,形成理论联系实际、最终服务于应用,构建"厚基础、宽口径、强能力、高素质"的人才培养体系①。

在全国高校重视专业课程群建设的大背景下,兄弟院校、兄弟专业的建设经验值得借鉴,本文的写作从前人经验当中受益良多。就理论与实践的深度与广度而言,本文只是初步的尝试与起点。由此出发,我们完全有信心期待汉语国际教育专业今后的专业课程群建设,继而期待汉语国际教育专业的学科与专业建设。让我们以此为契机,共同提升汉语国际教育专业教师的教学能力与学生的专业素养,为新时期中国汉语国际教育专业建设及汉语国际教育人才培养添砖加瓦,承担起应负的责任,贡献出应有的力量。

---

① 龙胜春,等. 高校电子信息专业特色课程群建设与探索[J]. 高等理科教育,2010(1):45-48.

汉语国际教育专业现代汉语语法课程改革漫谈

首都经济贸易大学文化与传播学院　李培涛

1985 年,北京语言大学等高校开始招收对外汉语教学专业本科生,2012 年,对外汉语教学专业更名为汉语国际教育专业。现代汉语语法课程也同该专业一起走过了 30 年的发展历程。尽管如此,这门课程从教学内容到教学方法都存在许多问题,本文探讨这些问题并尝试给出解决问题的策略。

一、现代汉语语法课程存在的问题

（一）不同专业的培养目标对比

汉语国际教育（原对外汉语教学）与汉语言文学是两个相似而又不同的专业,虽然开设一些相同的课程,但是培养目标有明显区别。《教育部普通高等学校本科专业目录和专业介绍》明确指出,汉语言文学专业主要"培养具备一定的文艺理论素养和系统的汉语言文学知识,能在新闻文艺出版部门、高校、科研机构和机关企事业单位从事文学评论、汉语言文学教学与研究工作,以及文化、宣传方面的实际工作的汉语言文学高级专门人才";汉语国际教育专业则"注重汉英（或另一种外语或少数民族语言,）双语教学,培养具有较扎实的汉语和英语基础,对中国文学、中国文化及中外文化交往有较全面了解,有进一步培养潜能的高层次对外汉语专门人才,以及能在国内外有关部门、各类学校、新闻出版、文化管理和企事业单位从事对外汉语教学及中外文化交流相关工作的实践型语言学高级人才"。根据《专业介绍》的表述,我们认为汉语言文学与汉语国际教育两个专业的人才培养目标有三点不同。

首先,就业的主要方向不同。汉语国际教育专业人才以对外汉语教学为主要就业方向,汉语言文学专业人才的就业方向则比较分散。

其次,培养的人才核心能力不同。汉语国际教育专业要求学生具备的主要是

基金项目:首都经济贸易大学 2014 年校级教改立项青年项目"翻转课堂在社会科学类课程中的适用性研究"（02091454210157）研究成果。

语言学的实践能力,汉语言文学要求学生具备的主要是文学方面的能力。

再次,是否强调"对比"和"实践"。"双语""中外文化"表明汉语国际教育专业要求学生要善于把中国语言文化放在国际背景中来学习和运用,而汉语言文学专业并没有这样的要求。汉语国际教育专业明确提出培养"实践型"语言学高级人才,汉语言文学专业没有这样的表述。

(二)课程存在的主要问题

基于培养目标的区别,同一门课程在两个专业中应该有足够的区别度,而这恰恰是当前汉语国际教育专业中现代汉语语法课存在的问题。

第一,课程定位和教学目标缺少专业针对性。汉语言文学专业培养的是"文学"人才,学生掌握了现代汉语课程语法部分的知识即达到要求,专门的现代汉语语法课程是专业选修课。汉语国际教育专业培养的既然是"语言学"人才,而现代汉语语法又是语言类课程中的重中之重,因此,这一课程在汉语国际教育专业的人才培养方案中应该是专业必修课,它以现代汉语课程语法部分的学习为基础,同时又应当在教学目标上提出更高的要求。

第二,教学内容缺乏专业针对性。汉语国际教育专业虽然招收本科生已达30年时间,但是汉语语法课的教学内容基本上仍沿用20世纪五六十年代建立起来的教学语法体系,这一体系适用于汉语言文学专业培养中小学教师、编辑、文秘等人才,与汉语国际教育专业的人才培养目标并不完全一致。

第三,教学方法缺少专业针对性。在汉语国际传播并未兴起的时代背景下,传统的汉语言文学专业的现代汉语语法学习不强调培养学生的语言"对比"观念,重知识的学习,轻实践能力的培养,因此对教学方法和手段的要求也较低。而汉语国际教育专业培养实践型人才,强调"对比"观念的养成,对教学方法和手段提出了更高的要求。目前,这一课程采用的主要教学方式仍是教师课堂讲授知识、学生做练习的单一方法,不利于激发学生兴趣、培养学生的实践能力。

二、问题的原因

自20世纪80年代至今,汉语国际教育专业在高校招生已有30余年。专业发展过程中,许多高校以原来的汉语言文学或者外语专业甚至是非语言类专业为基础,设立了汉语国际教育专业。教师本身缺少对外汉语教学的实际经验,学科意识淡薄,缺乏探索专业特色的自觉性,对于汉语国际教育专业的现代汉语语法课程需要什么样的教学内容和手段等问题关注不够,是造成课程建设问题的主观原因。

主观上的不重视、不自觉直接导致了课程建设的滞后。这种滞后主要表现在两个方面：一是针对对外汉语教学的教学语法体系尚未建立，人们对于汉语非母语学习者的学习重点、难点的了解不够，对他们学习汉语的规律研究不够；二是没有专门针对汉语国际教育专业的现代汉语语法教材。目前，我们看到的仅有齐沪扬《对外汉语语法教学》、卢福波《对外汉语教学实用语法》、陆庆和《实用对外汉语教学语法》、彭小川《对外汉语教学语法释疑201例》等几本教材，而且其中只有齐沪扬明确提出是供汉语国际教育专业本科生使用，其他几本都是专门为外国学生编写的教材，汉语国际教育专业的中国学生只适合"参考"使用。教材是一门课程教学的基本依据，缺少成熟的教材，是导致课程教学目标不明确、教学内容带有随意性的客观因素。

三、解决问题的建议

（一）加强对外汉语教学的汉语语法研究

对外汉语教学属于第二语言的教学，第二语言的学习与母语的学习在重点、难点以及语言的习得规律上都有所不同。例如，"把"字句是普通话中常用的一类句式，中国学生在学习这种句式的时候只要教师从不同的角度讲述这种句式的特点即可，中国学生不会造出错误的句子，而外国学生在学习了"我把书放在了教室""我把车停在了学校门口"这样的句子之后，很可能会说出"我把饭吃在食堂"这样的错误句子，原因是什么？再如：

A.［　　］先走吧！我吃完饭就去。（空格里的主语"你"不应当省略）

B.［你］别说话！安静点儿！（空格里的主语"你"不应当出现）

同样的祈使句，为什么第一句的主语不能省略，第二句的主语不能出现。以汉语为母语的中国人习焉不察，从来不需要考虑这样的问题；但是母语非汉语的外国学生就会提出这样的问题。

类似的问题还有很多，需要我们从第二语言习得的角度重新挖掘研究现代汉语语法的特点，从外国人学习的角度重新归纳和表述语法现象的特点。而当前的实际状况是对外汉语教学的语法研究还远落后于汉语本体语法的研究，也远不能满足汉语国际教育专业发展的需要。

（二）编写针对汉语国际教育专业本科教学的现代汉语语法教材

第二语言习得者需要学习什么很大程度上决定了教材内容是什么。比如，我们经常说的"这间房子大""那件衣服好看"的形容词谓语句。来自英语国家的人因为他们的母语中形容词做谓语时必须借助系动词，因此常把同样的意思说成"这间房子是大""那件衣服是好看"的错误句子。这些中国人的非学习重点反而是外国人学习的重点。

目前,现有的教材或者是针对汉语言文学专业编写,或者是针对外国留学生编写,专门针对汉语国际教育专业的教材还未出现。教材是进行教学的基本依据,无据可依导致教学诸方面的问题。因此,编写针对汉语国际教育专业的现代汉语语法教材是一项十分迫切的任务。新教材需要按照汉语国际教育专业培养应用型语言学高级人才的培养目标设置内容和结构,要吸收对外汉语教学语法研究的成果,结合对外汉语教学的实际需要调整教材的内容。具体讲,有三个方面的内容需要调整:一是现代汉语课语法部分已经着重学习过的内容不必重复。二是汉语特有而外语没有的语法点要作为主要内容。如现代汉语的句式部分通常会讲"把"字句、"被"字句、兼语句、连动句等,而从对外汉语教学的需要出发,应当把"比"字句作为学习的重要内容。词法部分通常将离合词的知识一带而过,而离合词是外国人学习的一个难点,针对对外汉语教学的语法体系应当给离合词一定的位置。三是需要把偏误分析作为教材的重要内容之一,而且需要在例句以及练习的选择上,面向对外汉语教学。

(三)改革教学方法

面向汉语国际教育专业的汉语语法教学,首先需要树立"对比"的观念。由于汉语国际教育专业"对外"的特殊性要求,在现代汉语语法的教学中,学生不能孤立地学习汉语语法的知识,教师也不应该孤立地传授汉语语法的规律。在教学中应该经常进行汉语和外语的对比,使学生通过对比更加深入地认识汉语的特点,也将对比的理念通过教学过程传达给学生。

面向汉语国际教育专业的汉语语法教学还需要把知识的传授与能力的培养结合起来,让学生多实践,培养学生发现问题、思考问题、解决问题的能力。目前已有学者在课堂开展探究式教学并取得了一定成果,这是值得注意的发展方向。

面向汉语国际教育专业的汉语语法教学还应当利用多种教学手段,为学生提供一个尽可能真实的语言环境。语言本身是丰富多彩的,但是,语言教学往往不能引起学生的兴趣,一个很大的原因在于教学中利用的教学手段过于单调陈旧,去掉了语言生动的一面,只留下了客观单调的一面。目前针对对外汉语教学的相关语料库已经建立,汉语语法教学可以利用这一工具,为学生提供的语言实例,增加语法教学的趣味性。

四、结语

2007 年,国家汉语国际推广领导小组研制完成了《国际汉语教师标准》,标准提出了国际汉语教师应当具备 5 个方面的能力:语言基础知识与技能(包括汉语知识与技能和外语知识与技能)、文化与交际、第二语言习得与学习策略、教学方法和教师综合素质。第一方面的能力就是汉语知识与技能,而现代汉语语法课程又是学生汉语知识与技能形成的重要环节。要使这门课程满足汉语国际教育人才培养的需要,必须改变现状,从学科定位、理论研究、教材编写和教学方法等方面作综合改革。

中文微博研究综述

首都经济贸易大学文化与传播学院　李培涛

根据统计,2006 年,美国 twitter 网站建立至今,其微博用户已经超过 5 亿;国内新浪微博用户也已经超过 2.5 亿。随着用户增多和影响力增强,微博日益引起学界关注。本文对微博的研究进行梳理,着重述评微博语言研究,以期为下一步研究微博语言打下基础。

微博研究是社会向学术界提出的现实要求。微博在政治、经济、文化等方面发挥着越来越重要的作用,而目前针对微博的语言研究未能满足实际需要。微博的发展既对语言学的发展提出了挑战,又使语言学的发展迎来了契机。微博语言无论是在语言本体上还是在语言运用上都表现出与一般语言交流不同的面貌,它为语言学研究提供了丰富的语料。挖掘这个语料宝库,发现新的规律,是语言学研究必须面对的任务。

一、中文微博的非语言学研究

我们在 CNKI 期刊库、硕博士论文库以篇名中包含“微博”为条件进行检索,得到期刊论文 7 919 篇,硕士论文 532 篇。论文分布在传播学、信息科学、社会学和语言学等研究领域,不同学科关注的问题、研究的内容和采用的研究方法有不同。

(一)传播学视角的研究

喻国明(2011)、刘乙坐等(2011)对微博的传播方式、传播机制、传播特点等进行了分析研究。他们将微博用户分为个人用户和组织用户,组织用户的微博又分为信息发布型微博、公关活动型微博、互动交流型微博[1][2]。在传播主体上,政务微博具有特定性和权威性,在传播媒介上具有互动性和裂变性,在传播内容上具有独占性和灵活性。微博舆论的形成机制及其特点、如何运用微博进行舆情监测和引

基金项目:首都经济贸易大学 2014 年校级科研项目青年项目“语域理论视角下的微博语言研究”(2014XJQ015)阶段性成果。

① 喻国明.微博影响力的形成机制与社会价值[J].人民论坛,2011(总 348).
② 刘乙坐,黄奇杰.试论微博盛行可能造成的社会文化危害[J].新闻世界,2011(3).

导是传播学关心的重要话题,微博在突发事件中的作用,微博意见领袖的形成、作用、识别和引导等更是得到研究者的重视。李瑷瑷(2010)结合微博的功能分析了微博舆论的特点:微博舆论的形成具有迅捷性、裂变性,微博舆论的议程设置具有草根性,微博舆论的传播极易形成群体极化效应①。谢耘耕等(2011)总结了微博舆论的特点和微博舆论的形成过程,分析了影响微博舆论走势的要素,指出了微博对社会舆论管理提出的挑战,最后提出了政府引导微博舆论的策略②。喻国明等(2011)指出,微博是一种点对面的即时传播,是建立在叠套社会关系网络上的传播,是拥有关系资源"背书"的内容传播。作者认为,微博的本质是平等参与,营造合意,其社会价值利远大于弊③。白贵等(2013)着重研究了微博意见领袖影响力的形成与其构成要素的关系,他们认为,微博领袖的形成是个人信息源、知识水平、社会地位、个人价值和社会责任感等各种因素共同作用的结果④。在微博影响力形成的过程中,粉丝数、转发评论数与影响力呈显著性正相关,微博数和原创率与微博影响力呈一般性正相关。

(二)信息学视角的研究

赵文兵等(2011)研究了微博用户的行为特征。赵文兵等指出,微博用户的特性、关注者数、被关注者数和博文数均具有统计特性,地域差异明显⑤。博文魅力指数与收录博主人数这两个变量中度正相关,聚类可将微博用户分为信息获取型、草根名人型和普通社交型三类。谢丽星等(2012)分别利用表情符号的规则方法、情感词典的规则方法、基于 SVM 层次结构的多策略方法进行中文微博情感分析,最终研究表明基于 SVM 的层次结构多策略方法效果最好⑥。唐晓波等(2012)针对目前微博主题挖掘中由于缺乏语义而导致挖掘结果准确率不高的问题,提出了基于潜在语义分析的微博主题挖掘模型。该模型通过主题挖掘和子话题识别,使用户不但可以掌握微博平台的热点主题,还可以清晰地发现主题的结构和发展方向⑦。王林等(2013)通过微博实验研究发现:在突发事件的微博集群行为舆情预警感知中,微博网民的影响力因素主要来自原创博文评论数和关注数,而与其粉丝

①　李瑷瑷. 微博舆论的形成机制及特点分析[J]. 新闻界,2010(6).
②　谢耘耕,荣婷. 微博舆论生成演变机制和舆论引导策略[J]. 现代传播,2011(5).
③　喻国明. 中国媒体官方微博运营现状的定量分析[J]. 新闻与写作,2013(1).
④　白贵,王秋菊. 微博意见领袖影响力与其构成要素间的关系分析[J]. 河北学刊,2013(2).
⑤　赵文兵,朱庆华,吴克文,黄奇. 微博客用户特性及动机分析[J]. 情报分析与研究,2011(2).
⑥　谢丽星,周明,孙茂松. 基于层次结构的多策略中文微博情感分析和特征抽取[J]. 中文信息学报,2012(1).
⑦　唐晓波,王洪艳. 基于潜在语义分析的微博主题挖掘模型研究[J]. 图书情报工作,2012(24).

数无关;微博网民的情绪在事件引爆点容易形成高强度能量场,是舆情危机的动力源,也是舆情预警的重要参考指标;网民情绪热度和情绪分布在事件引爆点周围形成小幅周期性波动①。

（三）社会学视角的研究

刘乙坐、黄奇杰（2011）探讨了微博的社会功能对社会文化、群体心理产生的影响。作者认为,微博信息爆炸使有价值的信息埋没,微博内容简单容易滋生谣言,微博自身的缺陷会产生埋没理性思考、退化思维能力、动摇价值取向、扰乱网络舆情、破坏社会和谐等不良影响②;曹柏林（2011）认为,在社会转型的中国存在部分制度缺位的情境下,互联网有助于凝聚和设置议题,微博成为非制度化的维权和公益工具;王欢等（2012）指出,微博文化的形成不仅包含着中国传统文化的特性,同时也具备流行时尚的元素,它符合公众对海量信息的需求,满足公众的压力发泄和感情交流需要,具有较强的社会学意义和功能③。肖芃等（2012）从文化与社会视角分析了微博传播。他们认为,微博不仅是媒体平台,更是社交平台。精英微博和草根微博具有不同的话语实践,引发了微博传播的矛盾冲突。微博传播构建的草根亚文化,既是对主流文化的仪式性反抗,也表现出一定的犬儒主义④。作为推动社会变迁的重要力量,微博也要受到社会政治与经济力量的制约。

三、中文微博语言学视角的研究

在我们的检索结果中,语言学方向的期刊论文67篇,硕士论文9篇。剔除微博在语言教学中的应用等方面的文章后,得到有关微博文本语言研究的期刊论文16篇,硕士论文7篇。

（一）微博中的特殊语言现象研究

微博中存在不同类型的新词语。它们分别由生僻汉字复兴、旧词新用、超常组合、谐音和仿词等不同的途径产生,具有更加简约、个性和时效性等特点;求新心理、焦虑心态、草根原创性和网络技术的进步共同造成了这些超常现象的出现;微博新词语义变异呈现出语素变异、语义范围扩大化、语义感情色彩反转化、结构互文化的特性,言语系统的互文性、隐喻性,言语使用者思维的经济性,社会批判性加

① 王林,时勘,赵杨,张跃先.基于突发事件的微博集群行为舆情感知实验[J].情报杂志,2013(5).
② 刘乙坐,黄奇杰.试论微博盛行可能造成的社会文化危害[J].新闻世界,2011(3).
③ 王欢,王冰,张静.社会心理学视阈下的微博文化研究[J].华中师范大学学报,2012(1).
④ 肖芃,蔡骐.文化与社会视域中的微博传播[J].湖南社会科学,2012(4).

速了微博词语的语义变异过程①②③。这一类研究往往缺少语料库的支持,大多是作者根据感性经验所做的随机归纳,同一作者不能穷尽指出微博语言的所有特征,不同作者所描写的特征又有重复。

（二）微博语篇特点研究

聂政(2011)以热门转发微博为考察对象,研究了微博语篇中的互文现象,指出规约、参考、仿拟和暗示等是微博语篇常用的互文策略,运用这些策略可以起到提供信息、情感呼唤和劝说等语用功能④。舒璨等(2012)、王林枫(2012)研究了微博新闻语篇的主位推进模式,得出结论认为,单项主位和无标记主位在微博新闻语篇出现的频率高于复项主位和有标记主位,延续型主位推进模式出现的频率高于其他模式⑤⑥。关于微博语篇特点的研究仅有三篇文章,且全部属于描写性质的研究,基本都没有对语篇特点形成的原因做出解释。

（三）微博语体特征研究

微博言语交际的语境有其自身的独特性:时间上具有全时性;空间上具有可分离性;背景语境的制约力相对较弱,言语交际存在某种程度上对背景语境的超越现象;上下文语境断裂现象明显,接续性差。语言上,谐音、缩写与副语言符号大量使用,词类活用、特殊句式俯拾即是。会话中合作原则和礼貌原则在微博言语交际中的影响力均有所下降,为实现交际目的对交际原则的违反现象很多。微博语体语言整体上表现出开放、精炼、随意、独特和泛指等特征。微博语言从一开始就呈现出与众不同的面貌,以至于"微博体"的概念很快被提出。比较起来,微博语体特征的研究在数量上稍多于前面几个方面,研究的广度和深度也有所拓展,研究思路基本上都是以某种语言学理论为依据,在考察语音、词汇、语法等语言要素的基础上归纳语体特征。

（四）微博语言的社会语言学研究

吴军群(2012)基于 Jef Verschueren 的顺应理论和于国栋的顺应模型,从语言现实、心理动机、社会规约方面剖析了微博语言的顺应性特征,指出微博语言在顺应社会规约、顺应心理动机方面表现相当突出⑦。杨玲凌(2013)研究了微博名,归

---

① 姜珍婷,周凯．从微博看现代汉语新变化[J]．江西科技师范学院学报,2010(4)．
② 韦茂繁,李胜兰．微博语言中变异标点符号刍议[J]．广西民族大学学报,2012(2)．
③ 沈颖．基于微博语料库的网络新词语义变异现象研究[J]．长春理工大学学报,2012(4)．
④ 聂政．微博语篇的互文性研究[D]．大连理工大学硕士学位论文,2011．
⑤ 舒璨,胡才慧．微博新闻语篇的主位前景化分析[J]．湖北财经高等专科学校学报,2012(1)．
⑥ 王林枫．政务微博发布的新闻消息的语篇特点研究[J]．赤峰学院学报,2012(11)．
⑦ 吴军群．微博语言中语码转换现象的顺应性分析[J]．皖西学院学报,2012(6)．

纳出微博名的多样性、恣意性、隐蔽性和随意性等特点，并认为微博名随年龄、职业和文化程度的不同而出现差异。微博名蕴含着深刻的民族文化内涵，体现着微博使用者各种各样的社会文化心理①。

四、中文微博的研究现状与发展趋势

中文微博引起的注意十分广泛，传播学、信息学和社会学学界都对它给予了高度重视。现有的研究大多以社会热点为中心议题，表现出强烈的实用性特点。学者们围绕微博舆论、意见领袖等与社会发展直接相关的问题进行了比较充分的讨论。

与其他学科的研究相比，微博的语言学研究十分落后，微博的语言特征缺乏全面系统的研究，更没有出现具有直接社会效益的研究成果。微博的基本语言特征是什么，这种特征和微博用户的其他行为特征是否存在相关关系，关系是如何实现和变化的。这些重要的问题都需要加强微博语言研究。

在我们搜集到的文献中，有两篇文章值得重视，他们代表了今后微博语言研究的两种发展趋势。一篇文章是发表于《语言文字应用》2013年第2期的《话题型微博语言特点及其情感分析策略研究》，作者以语言主观性为理论依据，分析了话题型微博的语言特点，在此基础上提出了基于短语情感词典及语义规则的观点句识别及评价对象提取的策略，实际上是把语言学与信息科学结合起来研究微博。作者指出："在对语言进行计算，尤其是在对语言做'情感分析'这样的计算时，如果不顾及语言本身的特点，一味统计，很难取得理想的效果。"②另一篇文章是发表于《东岳论丛》2013年第1期的《微博中群体的构建：系统功能语言学新视角》，作者以系统功能语言学为理论基础，以联结为出发点，以新浪微博中的语料为例，重点分析了在微博平台上语言如何构建社会群体、确立群体成员的身份，并进一步与意识形态和文化相联系融入我们的社会生活。文章的研究方法代表了微博语言研究的另外一种趋势，也就是作者所说的"除了研究语言怎样传达人们的观点，怎样促进人与人之间的交际互动外，语言学家也可以探讨语言是如何构建了我们的社会生活"。

语言研究在微博研究中占有特殊的地位。无论是传播学、社会学，还是信息科学、管理科学，关于微博的研究都离不开对微博文本的分析。而在构成微博文本的诸多要素中，语言无疑是最重要的要素。可以说，对微博语言的了解在某种程度上

① 杨玲凌. 微博名的社会语言学探析[J]. 群文天地，2013(1).
② 侯敏. 话题型微博语言特点及其情感分析策略研究[J]. 语言文字应用，2013(2).

决定着我们对微博的了解。另一方面,语言并非一个完全自足的系统,解释语言现象必然超越语言本身,语言研究也需要其他学科的支持。如何实现语言学与其他学科的结合,真正回答"微博语言是如何构建微博生活"的问题,是我们研究的努力目标,也是研究需要克服的难点。以现有的研究为基础,未来的研究有必要在两个方面努力,一是用理论指导实际研究的同时必须结合汉语微博的实际,力求对现有的理论进行丰富,即把个案研究和理论研究结合起来;二是在方法上必须摒弃单纯的内省式随机研究,建立封闭式语料库,将定性研究与定量研究结合起来。

汉语国际教育专业古典文学课程定位及体系建设思考

首都经济贸易大学文化与传播学院　赵建梅

　　首都经济贸易大学（以下简称我校）是以经济学、管理学为重要特色和突出优势，各学科互相支撑、协调发展的财经类大学，以培养崇德尚能、经世济民的人才为己任。国际汉语教育专业是我校新兴专业，仅有三年的招生历史。但是，在国际化的大背景下，我校能够设立国际汉语教育专业，足以看出我校建设"现代化、国际化、多学科、有特色的国内一流、国际知名财经大学"的信心、决心与远见。国际汉语教育专业的科学发展必然会对我校办学目标的实现起到举足轻重的作用。作为国际汉语教育专业的一门必修课，中国古典文学应该怎样定位，如何建设和发展，是教师必须认真思考与研究的课题。

一、中国古典文学课程意义与定位

　　国际汉语教育是面向海外母语非汉语者的汉语教学。我校汉语国际教育专业培养目标为："培养具有扎实的普通语言学和汉语言文字学基础理论知识和较高的外语水平，掌握对外汉语教学的基本理论和方法，具备较高的中外文学、文化素养和一定的经济贸易知识，具备对外汉语教学尤其是商务汉语教学以及跨文化交流能力，能够在国内外从事对外汉语教学以及在商业、外交、文化等部门和单位从事中外文化交流相关工作的国际型、复合型、应用型专门人才，并为本专业及相关专业的硕士、博士教育输送后备人才。"也就是说，我校汉语国际教育专业的培养目标，毕业生的去向是多元化的。或者继续深造去从事对外汉语教学，或者在商业、外交、文化等部门和单位从事中外文化交流相关工作。无论是何种出路，都将要承担中外文化交流的使命，"具备较高的中外文学、文化素养"是必备的素质和条件。只有具有比较扎实、深广的文化知识，真正懂得和热爱祖国文化核心和精髓的人，才能够更好地完成这样的使命；反之，一个不懂得、不了解、不热爱中国文化的人，何能承担如此重任？我校汉语国际教育专业应该坚持以此为目标，始终致力于培养真正热爱、了解中国文化的高素质人才。

　　中国古典文学源远流长，包含先秦、秦汉、魏晋南北朝、隋唐五代、宋金元和明清文学,代表性的文学作品形式有诗、词、曲、赋、散文、小说等,大量篇章脍炙人口,可谓内涵丰富,底蕴深厚。中国古典文学是中华民族最宝贵的文化遗产之一,是中国文化的重要载体。而中国古代文学课程以讲授中国古典文学作家、作品为主。学好中国古典文学,对于学生了解古代文学的发展概况和光辉成就,提高古代文学作品的阅读鉴赏、分析评论能力,对于全面提高文学素养,以及对个体的人生修养、人格塑造都具有非常重要的作用;同时对于弘扬民族文化,提高民族自信心和自豪感,加强爱国主义教育和社会主义精神文明建设,均具有重要意义。学生通过阅读这些深刻优美的经典篇章,可以深入理解中华文化的精髓,道德情操、审美趣味也会逐步提高。本课程对学生的教益是其他课程所不能取代的。而且在文学中接受美的熏陶和实现文化的积累,也非常符合年轻学生的心性特点。如古典诗歌的审美教育作用多有人论述,著名学者叶嘉莹先生曾说:"在我看来,学习中国古典诗歌的用处,也就在其可以唤起人们一种善于感发、富于联想、更富于高瞻远瞩之精神的不死的心灵。"①看到现在有一些年轻人被一时短浅的功利和物欲所蒙蔽,而不能认识诗歌对人的心灵和品格的提升功用,叶先生认为,这是一件极可遗憾的事情。中国古典文学课程在汉语国际教育专业人才培养中有着独特的、举足轻重的地位,是我们课程体系中不可或缺的一部分。

二、中国古典文学课程体系建设与完善

我校汉语国际教育专业2011年招收了第一批学生,中国古典文学课程开设已三年。我们选择了国内最权威的文学史,也逐步找到了比较适合学生的作品选作教材。每周四课时,开设时间为一年。随着学校教学改革的推进,中国古代文学课程课时已减为每周二学时。即使是周四课时,教师还是觉得时间不够,很多内容不能涉及或不能展开。中国古典文学内涵丰富、底蕴深厚,又加以古文的障碍,要真正掌握其精髓不是一朝一夕所能做到的,需要沉潜内心、长时熏习、日积月累。那么,如何开展中国古典文学教学,如何充分发挥中国古典文学的教育作用,就是教师不得不思考的问题。根据古典文学教学自身的特点以及教育实际情况,我们认为可以从三方面着手:

第一,建设中国古典文学课程群,课程间互为补充,力求完善学生的知识体系。中国古代文学课程课时虽然被缩减了,但教育效果、教育目标是我们的终极追求,不能放弃。建设以中国古代文学课程必修课为主、选修课为辅,多样化、布局合理

---

① 叶嘉莹:在诗歌里感受"不死的心灵"[N]. 人民日报,2013 – 08 – 30.

的古典文学课程群是一个有效的解决途径,这样可以让学生有更多选择和更多的研修时间。在最新培养方案的专业选修课文学模块中,古典文学类选修课有:先秦两汉名著讲读、唐宋诗词赏读、《红楼梦》与世情小说。我们认为,必须大力加强古典文学类选修课的设置,建设布局合理、富有特色的古典文学课程群,把学生的兴趣吸引到古典文学类课程,甚至有必要用制度来确保古典文学类课程学习的时间。

第二,组织经典读书会,作为课堂教学的延伸和补充。在课时有限的情况下,在学生中组织经典读书会,作为课堂教学的补充和延伸,不失为一个好方法。经典是经过实践检验的中华文化的精华。经典原著与教材、导读等迥然不同。而学生在应试制度下,所读的内容多限于教材或者与考试直接相关的内容,对经典原著的阅读量极小。多数学生没有读过《红楼梦》,像《论语》《孟子》《大学》《中庸》的儒家经典,读过的人少之又少。所以,在大学期间引导学生系统阅读经典是当务之急。通过阅读经典,陶冶性情,创新思想,培育独立思考能力;通过细读经典,真正品味、把握经典的深厚内涵,逐步提高理解能力,而不是拾人牙慧、人云亦云。经典读书会,在四年的时间里,内容安排从《四书》(《大学》《中庸》《论语》《孟子》)、《五经》(《诗》《书》《礼》《易》《春秋》)、《楚辞》《老子》《史记》,到唐诗宋词元曲,再到《西游记》《三国演义》《水浒传》《红楼梦》,形式上采取集体阅读与课下自读相结合的方式,集体阅读可以有学生个体讲解,也有讨论以互相切磋、增进理解的深度。

第三,定期举办内容丰富、形式多样的讲座,营造浓郁的中国古典文字学习氛围,以此引起学生学习古典文学的兴趣,开拓学生的眼界和思路,使他们在潜移默化中受到影响和熏陶。请校外有影响力的名家来举办讲座,利用名人效应,激发学生对古典文学的兴趣点。充分利用校内资源,鼓励本校教师举办讲座,发挥教师的专长,并在讲座的准备和讲解过程中得到提高,同时激发学生学习古典文学的热情和积极性。举办讲座的时间,至少每月一次。讲座内容可以是有系统、有体系地设定题目,也可以根据教师所长设计学生可能感兴趣的题目。除了完善学生古典文学知识体系外,更主要的是激发学生对古典文学的热爱,激发他们课下进一步阅读的内心需要。

此外,鼓励教师加强与外校教师交流,积极撰写教学研究论文,逐步完善中国古典文学教学机制,提高教学水平。同时,鼓励教师做出更好、更精的古典文学科研成果。汉语国际教育专业的古典文学教学有自身的特点,财经院校汉语国际教育专业的古典文学教学,必定有其独特之处,这些都需要教师在教学实践中不断摸索、研究,探寻中国古典文学教学的内在规律,积极撰写教学研究论文,以期逐步完善教学机制,提高教学水平。教师的教学水平与其科研水平是密切相关的。中国古典文学学科的科学研究,需要教师静下心来,去除浮躁,淡泊名利,扎扎实实,这样才能做出好的科研成果。教学与科研相辅相成,互相促进,形成良性循环。

中国古典文学是中华传统文化的重要载体,借助古典文学教育使学生具备较高的传统文化修养是我们义不容辞的责任。

在任务与情景中构建"演讲与口才"活课堂

首都经济贸易大学文化与传播学院　　吴伟凡

随着知识经济向纵深发展与人才竞争的日益激烈,演讲与口才日益受到广泛重视。因为口才既是一种最基本的职业能力,也是衡量人才的素质与综合标准之一。如何诱发学生的求知欲望,调动相关生活想象和生活经验,教会学生学习,培育学生能力,无疑是教学中的重点和难点。任务教学法注重教学过程中对学生学习情绪的激发和教师假设任务的导引,在任务情景的活课堂中体会、学习和训练,在演讲与口才教学中极具适用性。

一、任务情景教学的理论依据与突出特点

任务情景教学是任务驱动法和情景教学法的有机结合。"任务驱动"是西方建构主义理论中的一种教学模式。有学者认为,西方的建构主义或者说结构主义源自关于儿童认知发展的理论;也有学者认为,与杜威的"以儿童为中心"的教育思想一脉相承。它是以学生为主体、调动学生参与学习过程的一种教育方法。具体而言,在学习新知识的时候,把将要学习的内容隐含在一个或几个任务之中。学生紧紧围绕任务中心,在任务动机的驱动下,通过对学习资源的积极应用和意义建构的方式,进行自主探索和协作学习的实践活动。建构主义教育理论的核心内容可以概括为一句话:以学生为中心,强调学生对知识的主动探索、主动发现和对知识意义的主动建构。建构主义的理论导源于认知心理学,强调主观(内部心理过程)与客观(外部刺激)相结合,即"主客观相统一"的认识论。"任务驱动"法借助了其中的"意义建构"方式——用设置任务的方法带动学生进入自主探究、自主发现的认知过程。下达的任务为自我的学习提供了深入而具体的入口,学习者必须主动搜集与分析有关信息和资料,并要把学习的内容尽量和自己已经知道的事物相联系,对所学习的东西努力加以验证。在这个过程中,学习者不仅把从社会环境、书本资源和教师讲解中获得的信息、知识,通过任务进行理解和实践操作,并使外在的知识、技能转化为自己的知识和技能,而且在认知学习和任务实践中理解工作和职责的意义,就此构筑了一个全新的智能我。任务驱动教学法的基本特征即

是"以任务为主线、教师为主导、学生为主体"。

　　情景教学也是古已有之的教育方法。"孟母断机教子""铁棒磨针"等故事是中国古代最早的关于情景教育的典型实例。苏联教育家苏霍姆林斯基引导学生到大自然中去观察、体验大自然的美;保加利亚心理学家洛扎诺夫创造暗示教学法,通过做游戏、演小品、听音乐等各种暗示手段,在课堂中创设情景,激发学生的学习欲望。情景教学实际上就是教师根据教学目的设置出能激发学生感同身受地领会学习内容的学习场景。其理论依据主要是认识的直观原理和情感与认知活动相互作用的原理。捷克教育家夸美纽斯说:"一切知识都是从感官开始的。"又说:"在可能的范围内,一切事物应尽量放到感官的眼前。"①化抽象为具体,是教学过程中把握学生认识规律的一个重要方面,即把学生带入具体可感的人生情境之中,体验、感受、学习知识和提升能力。情景教学使学生身临其境,从形象的认识进入学习过程,以理性的提升结束一个学习环节。由于在教学过程中引入具体情景,使学生进入积极的情感体验之中,激发学生良好的学习情绪和学习兴趣,使学习活动成为学生主动、自觉的活动,能直接提高学生的学习成效。

　　演讲与口才课程的任务情景教学就是在教学中把演讲与口才理论学习及能力训练结合起来,把要求嵌入实际工作及具体生活的特定场景和局面中,化为具体的工作任务或必须解决的生活问题,以形象具体的任务情景设置,引起学生设身处地的工作想象、职责意识、态度定位和角色体验,进一步引导学生进行思考与说话。这样的教学方式不仅可改变由教师照本宣科、由抽象理论到模糊实践,学生机械性写作的被动局面,而且使他们置身于积极的创造性思维活动与新鲜的工作或生活角色中,甚至处于决策者的位置,以激发学生的学习兴趣,化抽象的文体学习为完成具体任务或解决具体问题的过程。这样的学习不仅可以提高思维能力、应变能力和相应的说话能力,还可以锻炼学生独立思考和独立完成任务、独立解决问题的能力。

二、任务情景教学在演讲与口才课程中的使用

　　柏拉图说:"强迫学习的东西是不会保存在心里的。"②演讲与口才是以其在工作和生活中应对交际、组织思想及发表观点为具体意义。若使学生对这门学科有兴趣,最好的办法就是使其知道这门学科是值得学习的。任务情景教学最基本的优势就是要让学生具体认识到它很有用,而且是如何应用,在何种情形中应用。若

───────────────

①　夸美纽斯. 大教学论[M]. 北京:人民教育出版社,1984:112.
②　柏拉图. 柏拉图论教育[M]. 北京:人民教育出版社,1958:42.

是照本宣科,学生不仅不能认识它的用途,使本来准备认真学习的学生也会产生厌倦心理。所以,第一步让学生理解演讲与口才的意义;进而了解传统文化对演讲与口才意义的认识及误区;历史中精英人物利用演讲与口才改变历史进程;经济时代舌尖作为武器的具体事例。要解释其与工作和生活存在的紧密联系,即要认识这种能力是工作中必须完成的职业任务,也是生活中要想解决某个特殊问题而必须通过说而做好的事情。教师是任务情景法的主导者,要依据工作和生活经验为学生创设假想任务情景和具体工作情景。主要是根据文体类型策划具体状况和特殊场景,进而提出写作任务,如常规性任务、特殊性任务或自主性任务和他主性任务等。在课堂教学过程中,单纯依靠教师的语言叙述设置情景是不够的。这个时候,利用教学演示,通过图片、实物、多媒体、网页和数据等各种方式,甚至让学生进行小品的表演,职业角色的演出等,都可以展示事物的特点、事件的发展变化,成为唤起学生感知、记忆和想象,进入特定心境、面临特殊局面的手段。语言导引和教学演示的运用,拉近了学生的学习空间与工作空间的距离,营造了一种良好的经验氛围和任务环境,就此调动了学生的学习积极性。任务情境教学法以其交互性、实践性和综合性的特点,成为培养和训练学生能力的教学方法之一。还可以具体进行以下四种操作。

(一)设计角色情景,进入任务

假设进入学生毕业或成人转换工作的时刻,社会的情势、竞争的态势、市场需求的特点等,都可以通过音像形式发布报纸上的相关标题,并显示漫天飞舞的求职书信或公司招兵买马、裁员等的信息,以引起学生置身社会的联想和对特殊人生时刻的敏感。在这样的局面和情势中带领学生思考:如果你面临求职,你将如何作为? 然后以假为真,要求大家通过查阅资料和书籍的相关内容,自主完成写作求职信的任务。然后假设面试情景,假设考官,进行求职口才的训练。比如,为讲解教学口才,可以先给大家一个讲课人物,请学生分小组讨论内容和形式,分头以教师和学生的身份进行口才训练。演讲也是一样。就职演讲、竞选演讲等,营造一个氛围,请学生登台,特色发挥。如,设置情景进行海外实习面试等,如此具体有用的学习是学生喜欢的教学形式。

(二)创设问题情景,提出任务

很多演讲与口才是现实生活和工作中出现了新状况、新问题,为进一步分析问题和解决问题而着手实施的。比如,学习中遇到疑难、工作中遇到挑战、生活中遇到危机等。教师针对这些问题把学生分别归属到不同局面中,让学生理性反思自身的某一处境,并和教师一起思考如何解决好这些问题。通过创设问题情景,大家明确了各自的处境和任务。即可以根据自己的具体情况分头学习单向交流与双向交流的理论、规律、方式和方法。如竞选演讲稿的写作,写作的根本目的是为了发言,是为了在竞选中取胜。如何提出问题,如何知道受众的需求,如何着手为对方解决实际问题,如何写才能有的放矢,才能特立独行,并赢得胜利。因此,引导学生发现和提出贴近工作实际、贴近群众生活的问题是写好演讲稿的前提。正如加里宁所说:"如果你说的平常,但却触及了群众所关心的最迫切的问题,如果你对这个问题又给予了解决,那么一篇最平常的文章也会发生很大的政治作用。"

(三)提供竞争情景,完成任务

在演讲与口才中,有很多情况是除了规范性强的要求外,在思维的灵动、主旨的出新、材料的优势等方面能够显示出创造性和独特性。在基础思维训练中,我们会给出具体事件,作为思考和表达的基本材料,然后请学生在有竞争感的参与中提出自己的想法,给出自己的结论,一定要有创意或解决问题的方式。比如,夜晚你一个人在取款机前准备取款时,设计故事情节比赛或设计讲故事比赛等活动,锻炼大家积极思维、积极表达的能力。根据不同的要求,给学生提供一个需要竞争出线的口才情景,让大家在一种近乎真实和游戏的学习环境中感受思维的压力,明确任务要求,全力以赴地投入训练,实现创造性思维的锻炼。

(四)展示失误情景,接受任务

演讲与口才的实际应用中,经常会出现一些失败或失误的情形。有的是由于使用语言不当,有的是由于态势语言不当,有的是由于分析对方不够深细等,而导致工作的失败,还有滥用方言或滥用外语引起歧义和误导等情形。具体展示这些失误的情景,比如,一次谈判的失误,一次演讲的失误。通过领受失败的局面,进一步使学生有警戒前车、不能重蹈覆辙的心情。从失败的任务中吸取教训,最后圆满完成任务。这种学习过程虽然是纸上谈兵,却能够使学生从具体实践中品出工作甘苦和制胜之道。

三、任务情景教学应注意的问题

(一)教师把握好角色定位

教师要明确认识到学生的知识不是靠教师的单纯灌输被动接受的,而是在教师的引导帮助下,由学生主动建构起来的,尤其是有工作经验的学生。除了在学生进入学习过程前深入体察和探究学生的学习心理和学习情绪,教师应主要在学生学习中遇到困难或学习不够主动时,引导学生提出问题、探究问题。在学生基本完成任务后,调动学生进一步完善任务和及时做好评价工作,并可以用"引入情景——

提出任务—介绍完成任务的方法—学生完成任务—归纳小结—学生自改或互改"的思路展开教学内容。教师主导、学生主体；教师较少教、学生较多做。

（二）鼓励为主，打消学生心理压力

演讲与口才能力不是与生俱来的能力。英国某项调查显示，当问及人生最怕什么时，演讲比死亡还排在前面。人们如何消除心理压力，成功锻炼与自信演讲是很重要的教学环节。先设计同学陪伴演讲，再设计奖励红旗，鼓励大家放松心情，积极调整心态，有效进行训练。任务情景表面看起来是一个制造气氛、烘托氛围、引领情绪的工作。整个过程可能耗费的工夫大，却可在虚拟意义上或心理意义上起重要作用。但正是这种具体氛围的营构、局面的暗示，使学生产生游戏感与情景感，忘记胆怯，进入角色，使学生愿学和乐学，做到因材设景、因材施教。

（三）把好任务设计关

"任务"设计是关键环节，因为其直接影响学生学习的内容和教学效果的实现。要求教师在基础教学、演讲教学和口才教学的总框架上，把任务细化，通过明确大小不同的"任务"要求来体现总的学习目标。同时要注意分散重点、难点。掌握应用写作相关知识和技能是一个逐步积累的过程，以"布置任务"的方式引入有关概念，展开教学内容，要考虑"任务"的大小、知识点的含量、前后的联系、可操作性等多方面的因素。

总之，任务情景教学法以现代心理学所揭示的人的心理活动规律为前提，不仅能通过具体情景和完成任务的要求加深对理论知识的理解，为提高课堂教学质量提供了可能，而且也使学生的思维能力和口才能力得到锻炼。然而，这种新型的教学方法尚有自己特定的范围和功能，理论上还不太成熟，实践中也并不普及。教学中一方面要兼顾其他相关教学法，综合使用，尽取优势；另一方面要在实践中继续发现新情况，积累新经验，进行理论上的深入探索和研究。只有如此，才能营构出演讲与口才的活课堂，最终使学生在学习过程中获得"闲暇、快乐和坚实的进步"（夸美纽斯语）。

通过毕业论文指导提升大学生实践能力与规范意识

首都经济贸易大学文化与传播学院　张小乐

一、当代大学生迫切需要提升实践能力和规范意识

20 世纪下半叶以来,随着科学技术的进步,人类社会进入信息化、全球化新时代,信息传播速度加快,知识、产业更新换代加速,对学校教育方式和大学生的专业技能提出了更高的要求。世界各国都加大了教育改革与创新的力度,国外一些大学注重通过学生的论文写作提升学生的能力与素质。在美国的大学教育中,报告和论文是常见的考核学生学习成果的方式,比如实验报告、学期报告、专题报告、研究报告及论文(含毕业论文)等,研究生报告(presentation)及研讨会(seminar)的成绩甚至占学期成绩很大比例。

经过改革开放后 30 多年的经济高速增长,中国正步入经济减速换挡、供给侧结构性改革和产业转型升级的关键时期,面临着更加严峻的国际竞争,新任务、新挑战层出不穷,国家更加迫切需要品学兼优、德才兼备的大学生,尤其是那些具备综合实践能力的高素质大学生,来担当起中华民族伟大复兴的历史重任。具体来说,当代大学生需要具备战略思维、创新、沟通协调、写作等各种能力以及科学精神和知识产权保护的规范意识等素质。

我国大学顺应时代变革的要求,加大教学改革力度,逐步把课堂教学和考试为中心的灌输式、填鸭式传统教育方式,转变为采取多种灵活方式、多管齐下培养创新人才的新模式。毕业论文指导即是迅速提升大学生综合能力的极好时机和有效途径。

二、通过毕业论文指导环节全面提升大学生的能力与意识

毕业论文写作是大学教育的关键一环,是全面考察大学生学习水平的重要举措;同时,也是培养和提升大学生综合素质与社会实践能力的极佳时机和有效途径。通过配备优秀师资力量加强毕业论文指导,可以培养和提升大学生如下五个方面的能力和意识。

本文为首都经济贸易大学 2015 年校级教改立项《毕业论文写作与大学生实践能力提升》的研究成果。

（一）把握趋势、统筹全局、引领未来的战略思维能力

无论是个人、企业，还是区域、国家，要发展首先应把握趋势、确定方向、制定战略、明确定位，这就需要具备具有谋篇布局的全局意识和战略思维的人才来完成这一重要工作。具有战略思维能力的高素质人才，对于任何机构来说都是稀缺资源。在中国社会转型升级、迫切需要辨明发展方向的关键时期，这种高端人才更显得难能可贵。具有战略思维能力的人才，一般都能够正确处理战略目标、战略布局、战略重点、战略步骤、战略保障、战略转变等一系列事关全局的战略问题，能够制定正确的战略规划和行动方案，驾驭全局取得事业的成功并带领团队可持续发展。战略正确是事业发展的第一要务，战略错误将导致整个机构全局失败甚至全军覆没。制定战略要重视规律性、系统性、前瞻性的思考，想大事、谋全局，努力做到高瞻远瞩。战略思维必须坚持两项基本原则：一是把握重点。在总揽全局的时候，不可平均用力，必须把握重点。二是统筹兼顾。强调重点并不否定一般，在突出重点的基础上，统筹兼顾各个方面。

在大学生毕业论文写作过程中，如果指导得当，即可以实现培育学生战略思维能力的目标。首先，在进行论文选题过程中，要在纷繁复杂的学科疑难重大问题中，找出热点难点重点，明确研究方向和研究目标；然后，根据主题进行谋篇布局。毕业论文写作在总体框架上为总、分、总，段落要上下贯通，每个段落内部要逻辑清晰；在框架结构上要设置篇、章、节，再围绕每一节的主题，根据需要设置层级标题，展开论述，抽丝剥茧，条理缕析，层层递进。这就训练学生不仅要具备确定主题、把握重点的能力，也必须具备围绕中心、关键环节、重点任务进行统筹全局、排兵布阵、抓住重点、兼顾一般的能力。如此强化训练，战略思维能力便可逐步养成。

（二）发现问题、分析问题、解决问题的创新能力

当今社会瞬息万变，不仅需要学习型人才，更迫切需要不断适应新形势、解决新问题的创新型人才。创新是社会发展的基础和源泉，失去创新，社会将停止不前。因此，任何国家无不大力鼓励、支持创新活动，中国也将创新列入国家发展战略。提高个人的创新能力，一般从以下几个方面入手：一是要善于总结前人的经验和教训。任何一项创新都不是无源之水无本之木。站在巨人的肩膀上看待问题、考虑问题和解决问题，可以少走弯路、节约成本，才会站得高、看得准、走得远。二是要善于借鉴和组合。借鉴别人好的东西来弥补自己的不足，在别人经验基础上进行创新，才能取长补短、更快进步。创造性思维要以知识的占有作为前提条件，没有丰富的知识作基础，思维就不可能产生联想，不可能利用知识的相似点、交叉点、结合点引发思维转向，实现思维创新。三是必须坚持独立思考。爱因斯坦说过，应当把发展独立思考和独立判断的一般能力放在首位。思维的相对独立性是

创造性思维的必备前提。提高创新思维能力必须在不迷信、不盲从已有经验,不依赖已有成果,独立发现问题、思考问题,在独辟蹊径中找到解决问题的有效方法。

大学生毕业论文写作过程是培养其创新能力的极佳时期。首先,通过论文选题,可以提高其观察问题的能力。人类社会发展到21世纪,已经创造了高度文明,政治经济社会文化军事等领域的研究成果无不汗牛充栋,要在前人研究基础上理清哪些问题是已有结论、彻底解决的问题;哪些是已有学者发现并开始研究、正在解决中的问题;哪些是前人尚未发现,完全处于研究空白状态的问题。这些问题的提出,需要在积累知识的基础上,提高发现问题的能力才能做到。其次,写作毕业论文可以提升独立思考、分析问题、解决问题的能力。现在的大学生大多是从应试教育中走过来的,在中小学接受的教育大多是老师机械地灌输,学生被动地接受,学生很少有自己独立思考的空间,导致大学生的悟性、灵感、创新思维被严重地束缚。毕业论文写作中,学生通过分析信息资料,进行深入思考,可以透过现象看到本质;通过"去粗取精,去伪存真,由此及彼,由表及里"的论文资料筛选和加工工作,可以养成独立思考、发现问题、解决问题的思维习惯和思维能力。

(三)交流合作、整合资源的沟通协调能力

有效地配置和利用可得到的有限资源,进行整合,以实现既定目标的创造性活动,是事业成功的重要保证。所谓整合资源,就是将一些看起来彼此不相关的事物加以组合,使得各种资源自身的价值得到增值的过程。当今社会,物质丰富,网络信息发达,各种资源的流动性极大提高,有时缺少的不是资源,竞争的不是积累知识的速度,而是整合资源的能力。互联网把整个世界连接成地球村,机构扁平化管理和更加透明的政务信息公开,高校、科研院所资源点的互通,信息流、物质流、资金流更加顺畅,为资源整合提供了有利条件。

大学生毕业论文写作过程也是提高其资源整合能力的重要时刻。论文资料的收集要善于利用互联网与计算机基本知识,运用网络检索与搜索功能,善于运用书籍、电子音像、各种文化媒体等中外文资料,这其实培育的就是一种资源整合能力。查找资料,构思大纲,都要在教师指导下,确定哪些参考资料来源可供参考引用,哪些框架、观点值得创新;此外,参考资料来源还有图书馆、政府机构、杂志以及其他一些研究机构、学术界专家学者乃至学长、学弟;有时,通过面对面的访谈方式,与政府官员、企业家、专家学者及其他人员深入交谈,也能获得理想的信息资料。与这些机构和人员沟通与联系,即是锻炼学生资源整合、沟通协调能力的过程。

(四)妙笔生花、下笔如有神的表达能力

在文章写作过程中,作者要具备传旨立意、聚材用事、谋篇布局、遣词造句等诸方面的能力。因此,论文写作其实是一种综合能力与素质的体现。鉴于战略规划、发展计划制定以及对外宣传等工作的需要,社会各个领域、各个机构对文章写作能力的重视程度日益提高,写作能力强的毕业生也成为稀缺人才,受到社会各界的普遍欢迎。

指导大学生写好毕业论文,除了明确主题外,还要注重以下环节:首先,需要反复提炼论文标题,不论一级标题,还是二级标题,都要直截了当、一语中的;其次,做好谋篇布局,定好一级标题和二级标题,搭好框架。标题定下来后,要有充分的论据。其三,表达要得体。一篇好的文章的基本特征是,知识点多,环环相扣,内容丰富,论证有力。最后,反复修改是必不可少的步骤,是提高论文质量的有效措施。"文章是改出来的"。曹雪芹写《红楼梦》"披阅十载,增删五次",托尔斯泰的《战争与和平》反复修改了七遍;鲁迅先生主张"文章写完后至少看两遍,竭力将可有可无的字、句、段删去,毫不可惜"。文章修改,一般是指从初稿写出来到最后定稿的加工过程。修改时要做到五看:看主题是否鲜明,看结构是否紧凑,看选材是否合适,看用词是否准确,看语言是否简洁流畅。经过这样的训练,大学生的写作能力就会得到有效提升。

（五）严谨缜密的科学精神和尊重知识产权的公民意识

知识产权又称"知识所属权",是关于人类在社会实践中创造的智力劳动成果的专有权利。各种智力创造比如发明、文学和艺术作品,以及在商业中使用的标志、名称、图像以及外观设计,都可以被认为是某一个人或组织所拥有的知识产权。1967年《世界知识产权组织公约》签订后,知识产权的概念得到世界上大多数国家所认可,知识产权的国际规则得到了各国的遵守。中国顺应国际发展趋势,也制定了较为完善的知识产权法律法规,实现了与国际惯例接轨。但在具体实践中,尤其是在论文写作过程中,未经许可、不注明来源出处就大量引用他人文章信息的侵权行为还时有发生,在一定程度上对国家创新环境造成了破坏。指导大学生进行毕业论文资料信息查询、引用过程,也正是对其进行知识产权保护教育和公民意识提升的良好时机。

大学生毕业论文写作需要查询古今中外大量网络信息以及各种报刊、书籍、音像以及内部资料、研究报告等信息资料,知识产权保护是毕业论文写作过程中绕不过去的一道坎,可以借此机会要求大学生对各种信息资料进行比较分析,对其引用应注明来源出处;对引用数据的真实性、权威性进行甄别、核实;有时引用他人信息资料还需要与原作者进行协商,获得其许可,个别有价值的信息资料甚至要付费授权使用。通过这样的严格训练与培养,使大学生在科研过程中养成科学严谨的治学态度以及尊重知识、尊重知识产权、尊重他人劳动成果、遵纪守法的公民意识。

高校图书馆助推全民阅读对策

中国人民大学法学院　　杨连长

阅读是人类吸收文明成果、汲取精神食粮的普遍手段。在世界各国,为了聚集、提升文化软实力,参与未来不间断的国际竞争,不同国家都在营造全民读书的浓厚氛围。随着中国全民阅读活动的蓬勃展开,让社会充满书香已是我们指日可待的美好梦想。图书馆是全民阅读的前沿阵地。随着网络信息技术的广泛应用,阅读量呈现逐年下降的趋势,对图书馆事业造成了强大的冲击。而全民阅读活动的广泛开展却为图书馆的发展提供了良好的发展契机。基于此背景,紧密结合当下时代发展趋势,笔者就高校图书馆如何抓住发展机遇,助推全民阅读活动提出几点意见和对策。

一、开展全面阅读的意义

(一)承传民族传统、提升国民素质

中国是具有五千年历史的文明古国,在知识的创造和承传方面积累了丰富的经验。我们伟大的人民在古老文明的承传与发展中保持了读书阅读的良好习惯。没有勤奋的苦读,就没有知识的积淀和思想的孕育。中国古代思想家荀子在《劝学篇》中说:"青,取之于蓝而青于蓝;冰,水为之而寒于水。"意思是说,青色的染料是从蓝草中提取的,却比蓝草的颜色更深;冰是水的凝固体,却比水还要冷。我们一般从生不必不如师,学生能够强于老师的角度去理解,其实,更深的理解应是通过学习前人积累的知识,博学深鸷,思考提炼,超越前人,后来居上。这种思想和传统正是我们民族发展的巨大动力。在现代化的今天,在世界精英的内心,天堂就是图书馆的模样(博尔赫兹语)。人们通过阅读可以获取大量的人文与科学知识,原本空虚无聊的精神世界通过阅读能够得到充实,通过阅读人们可以和有高超心智的作者进行亲密交流与沟通,不仅能够提高个人的知识涵养,人们的精神世界也变得丰富起来,国民的素质也会获得整体的提升。

(二)开展文化建设、为民族未来投资

文化建设的路径是多种多样的,其基本任务是用当代最先进的科学技术成果

和人文社科新知提高人民群众的知识水平,用最富创新性、最有意义的文娱活动和能反映时代精神的文学艺术作品来陶冶人们的情操,丰富人们的精神生活。全民阅读也是中国发展软实力、开展文化建设的一个最简易、最贴近大众的部分,是为民族未来投资的重要细节性经营。源远流长、博大精深的中华民族,是世界大家庭中一枝魅力奇葩。文化力量的熔铸使中华民族有了生生不息的凝聚力和创造力。中华文化不仅对今天中国人的生活方式、价值观念、中国对未来道路的选择具有深刻影响,而且对人类的进步和世界文化的发展也产生了深远的影响,未来的影响将更加明显和强劲。民族文化是我们的血脉精神,祖国命运和民族未来是我们的情之所系,国运兴衰,牵动着中华儿女的情感,我们的命运与祖国息息相关。通过全民阅读能够造就我们的国民、浸染我们的青年,引导我们的青年为民族未来而站在时代的高地,通过阅读吐故纳新,取传统文化之精华,弃陈腐文化之糟粕,既坚持自己独特的根基,又博采世界各民族文化之优长,成为有华夏气质的民族的栋梁、脊梁,这是为民族未来做的最基本的投资。

(三)认同知识强国、融入学习型社会

20 世纪末,随着冷战的结束,全球化时代的到来,大国、强国作用明显上升、地位愈发举足轻重,世界秩序在多种力量的交互作用下发展和变化,这使追寻人类历史上的强国之道成为焦点思考。显而易见,强国要素既包括国内政治、经济等的结构性调整,也包括相关外部环境的优化,更依赖于内因和外因的联动机制。在内因诸因素中,除了思想开放、法制健全等机制,知识强国成为一种战略性的共识。而学习型社会是 20 世纪 60 年代由美国学者哈钦斯首先提出的。20 世纪 70 年代,联合国教科文组织继续提出了鲜明的倡导:人类要向着学习化社会前进。所谓学习型社会,就是有相应的机制和手段保障和促进全民学习、终身学习的社会,其基本特征在于善于全民学习、不断学习、终身学习,形成积极向学的社会风气。学习型社会是时代发展和社会进步的产物,也是认同知识强国的产物,只有全面学习,才能保证整体素养;只有不断学习、终生学习,才能紧跟时代、应对接连不断的新的挑战。全民阅读正是认同知识强国、融入学习型社会的基本路径,是营造学习氛围、提供学习保障的基本手段。

二、高校图书馆助推全民阅读的对策

(一)服务社会化

服务社会化是高校图书馆今后发展的必然趋势。要真正实现高校图书馆社会服务功能首先应转变观念,在思想上树立为社会服务的理念,这包括两方面的思考:一是要转变只为本校、本院师生服务的观念,把图书馆的资源、信息看作是整个社会信息资源的重要的不可分割的一部分,自觉为社会服务;二是要能够回答下列问题,首先应认识到我们的优势在哪里? 也就是我们为社会服务的本钱是什么。我认为主要有以下几个方面:第一是专业资源优势。作为高校图书馆,它是高校进行科研和教学研究的信息资料中心,也是学科和专业发展的数据库。很多高校对图书馆的建设非常重视,投入的力度逐年加大,我们的中外文图书、期刊等纸介质文献资料及中外文数据库等电子信息类资源,无论是从学术性、权威性、总量、类别及结构配置上都是地方图书馆、公共图书馆所不能企及的,高端而丰富的资料信息是我们开展社会化服务的前提和基础。第二是技术优势。随着网络化、数字化的建设和发展,图书馆更加注重先进的电子信息技术在日常管理和服务中的应用,通过网络读者完全可以进入图书馆实现网上目录检索、预约、借阅、续借、归还、咨询等方面的服务。为网络数字化时代的图书馆实现社会化服务提供了技术保障。第三是人才优势。近年来各高校图书馆的人员结构发生了较大变化,体现在引进和聚集了一批高学历、精通外语、计算机等专业知识的青年图书馆管理人才,他们不仅参与国内图书馆的发展建设,对国外著名大学图书馆的信息也同样抱有很高的热情,他们利用自己的图书馆管理知识及计算机专业知识和外语能力对国内外海量的知识信息进行识别、整理、排序,为教学科研及社会化服务起到了知识导航的作用。近年北大清华等 34 所高校在北京成立了首都图书馆联盟,承诺北大清华等34 所高校向社会免费开放,清华大学校长陈吉宁代表全国 41 所高校,向全国高校发出倡议并郑重承诺定期设立校园开放日,向社会免费开放图书馆。这一举措将改变图书馆旧有的管理模式和理念,促进高校图书馆的社会化服务的进程。

(二)服务层级化

全民阅读活动的开展必须与图书馆日常的系列服务工作联系在一起。一是优质本位服务,在开放日期间馆内阅览、图书外借等系列过程简约化、人性化,唯其如此,阅读活动才能落到实处,才能产生切实的效果,才能形成深刻的意义;二是细化延伸服务,延伸图书馆服务空间,有针对性地对大众提供专业或咨询服务;三是拓展外围服务,与公共图书馆、社区图书室等建立协作服务关系,或建立基层服务网点,构筑完善的图书馆服务体系,以联办、协办等形式求得更高的合作平台和更广的活动空间,提升读者活动的层次和档次,保障活动的顺利实施,提高活动的效益,联合各方力量,共建阅读社会。

(三)服务专项化

一方面高校图书馆比较容易争取政府的支持,申请专项活动资金,为全民阅读活动服务；另一方面也可以通过与不同商业机构合作，筹集经费，如与出版机构合作，由他们提供最新书籍，图书馆负责策划组织活动。还可利用各界资源建立阅读专项基金。高校图书馆通过设立阅读基金，吸引社会热心慈善人士和企业捐献，高校本身也可以把一部分图书捐赠给需要的机构，核心区的高校将图书捐赠给地方高校，地方高校将图书捐赠给就近社区、企业、农村等，这样蔚为风气，大家共同为全民阅读奉献力量。

综上，中国要强大，不仅要强在硬实力上，更要强在软实力上，要强在传统、强在知识、强在学习、强在创新。高校图书馆在学习型社会的大环境中，应明确自己的切入角度，充分利用自身资源优势，紧跟时代特点，积极参与国家文化建设工作。要大力倡导传统阅读和数字阅读相结合的方式，坚持开放服务，面向社会、面向基层，长期不懈地助推书香社会的营建、全民阅读活动的开展，为全民阅读常态化、长效化做出特殊的贡献。

如何学习古代汉语

首都经济贸易大学文化与传播学院　顾　明

一、课程简介

古代汉语同"现代汉语"相对,是古代汉民族的共同语。一般来说,20 世纪初的"五四"新文化运动以前的汉语,都可以称为古代汉语,包括两个系统,即文言文和古白话。文言文是指以先秦口语为基础而形成的上古汉语书面语,以及后代仿古作品的语言。古白话指的是唐宋以后以北方话为基础而形成的通俗文学作品所使用的语言,如唐代变文、宋代语录话本、明清白话小说等,其中包括著名的《水浒传》《红楼梦》等作品所使用的语言。古白话虽然很重要,但相对易懂,从古代汉语的教学传统看,古白话不作为教学重点。因此,一般所说的古代汉语专指文言文系统。本课程的"古代汉语常识"介绍的就是文言文部分,而不包括古白话部分的知识。

古代汉语知识大致可分为两方面:一是关于语言结构本身,即语音、词汇、语法方面的知识;二是学习古汉语时涉及的文化史知识。典章制度、礼仪习俗、日常的饮食起居,甚至是天文地理,都是学习时要涉及的。这门课程要解决的问题仅限于前一部分,后一部分要交给古代文化史常识一类的课去处理。

中国传统的语言文字学包括文字、音韵和训诂三部分,被现代学者称作"语文学"(和现代意义上的"语言学"相对)。文字学、音韵学以分析文字字形和语音结构为主。训诂主要讲词语和句子的训释及部分语法现象,实际上大致包括现代语言学中的词汇学和语法学。从古至今,中国学者一直很重视语言文字方面基本功的训练。

古代汉语的学习主要包括两部分:一是阅读用古代汉语写的各种题材、体裁的作品(文学作品,或者看与阅读者所学专业相关的作品,可能效果会更好)。二是学习古汉语语音、词汇、语法方面的知识,对语言规律有所了解,把阅读作品时获得的感性认识上升到理性认识。作品读得越多,对古代语言越熟悉,学习本课程的效果就越好。比如,简单的一句话:"不患人之不己知,患不知人也。"句中的"不己知"(不了解自己)和"不知人"(不了解别人)意思很容易懂,但从语法的角度看,两个结构的宾语（"己"和"人"）位置不同。"不己知"的"己"出现在动词前面，"不知人"的"人"出现在动词后面。这里涉及一条语法规则。古汉语里（尤其是先秦汉语），当否定句中的宾语为代词时，这个代词通常要放到动词前边。如果不是否定句，代词宾语放在动词后边就可以了。对作品读得多的人来说，稍加点拨就能记住这条规则并把它用于语言学习。类似的规则很多，这门课程的目的就是为了让学习者掌握古代汉语中带有规律性的知识，加深对古代汉语的理解，并且学以致用，把对语言的理性认识运用于阅读实践，提高阅读古代典籍的能力，从而批判地继承祖国宝贵的文化遗产。学习古汉语知识，也有助于加深对现代汉语的理解，提高分析掌握现代汉语言的能力。另外，还可以学习、借鉴古代作家的语言表达艺术，提高写作水平。

二、学习方法

古代汉语的学习既要有明确的目的，也要有科学的方法。学习方法往往因人而异，但下面的两点是每个人都不能忽略的。

第一，在学习过程中，一定要具有历史观点，要注意观察古今语言的差异。现代汉语源于古代汉语，古今相同的地方自然不少；但不同的地方更多，尤其是词汇方面。如果不留意古今差异，学习中就会以今律古，张冠李戴。如"恨"在古代汉语中是个使用频度很高的词，做名词、动词一般都是"憾事""遗憾"，而非"仇视"的意思。《长恨歌》的"恨"就是"遗憾"，但很多教材和唐诗选本对此都不加注，让人误以为同于现代汉语的"恨"。现代汉语中还有很多词语保留了这个意思。"悔恨""抱恨终生""恨铁不成钢""恨不抗日死"中的"恨"都是"遗憾"的意思。"恨"的误读不仅影响对句子的理解，甚至会牵涉对文章思想内容的把握。如诸葛亮在《出师表》中说："先帝在时，每与臣论此事，（臣）未尝不痛恨于桓灵也。""桓灵"指汉桓帝、汉灵帝。诸葛亮自称汉臣，怎么能痛恨汉朝皇帝呢！这句话实际是说，谈到桓灵二帝时宦官受宠的事，常常感到悲痛和遗憾。如果把"痛恨"解释为"深切地憎恨"（《现代汉语词典》），那么，诸葛亮的"忠"就无所附丽，就不能称为"忠臣"了。也许有人会说，痛恨皇帝并不意味着不忠于汉王朝。但这是今人的观念，不能绳之古人。因为皇帝即是国家的象征，而非仅仅一个体。这点我们看看屈原、岳飞的例子就不难理解了。从以上例子可以看到，树立历史观点是非常重要的，也可以说是第一位的。

第二，在学习过程中，要坚持感性认识和理性认识的结合。也就是说，既要阅读作品，又要学习文字、词汇、音韵和文言语法方面的知识。如果只阅读作品，结果往往是学一篇会一篇,不能举一反三、触类旁通;如果只学习理论知识而不读作品,那掌握这些知识还有什么意义呢? 理论是用来指导实践的,空洞的理论只能是空中楼阁,毫无意义。现在很多人过于急功近利,学什么东西都太急躁,总想用简单而概括性强的理论来解决学习中遇到的所有问题,这样就容易忽略阅读作品。实际上单讲规律和理论知识而缺少感性认识,是不可能学好古代汉语的,事实上也没有只掌握理论就能学好语言的人。所以,尽管这是一门理论性很强的课程,但阅读作品是必不可少的重要环节。

第三,要特别注重词汇的学习。词汇是语言的建筑材料,没有词汇,语言大厦就是空壳。语言学习包括语音、词汇、语法。一般来说,学习古代汉语时,语音问题不明显。阅读古代作品不一定要学古人的读音,只要按照普通话或方言读音即可。当然,古今语音不同也还是要知道的。语法相对于语音而言略为重要,但不是最重要的。很多人有一种误解,认为语法讲的是规则,只要把语法研究透了就等于掌握了古代汉语的规律。其实不然,因为语法有很大的稳固性,从古到今,语法的变化是有限的,能够数得过来的,即具有封闭性。学习古代汉语,最重要的还是过词汇关,特别是要多掌握古代汉语常用词。

三、古代汉语课程基本内容

古代汉语课程大致可以分为四部分:文字、词汇、语法、音韵。文字和词汇古今差异较大,所以前两部分的辅导较为详细。语法的古今差异不像文字和词汇那么大,而且比较容易把握;音韵学的知识虽然重要,但对一般学员来说有很大难度。对从事汉语史研究的专业工作者来说,音韵知识是必备的;而对不是专门从事汉语史方面工作的人,音韵部分可以不进行专门讲授。用王力先生的话来说:"语音问题不大,因为我们读古书不一定要学古人的读音。"

下面分别对前三章的学习内容、目的要求、重要概念、学习重点等加以提示。

第一部分　文字

基本内容和重点:

第一章,汉字的产生和性质;第二章,汉字形体的演变;第三章,汉字的字形结构;第四章,汉字的应用和发展;第五章,汉字的历史贡献。重点为二、三、四章。

学习目的:认识汉字的性质和历史贡献;了解汉字字体演变的三个阶段及其特点和汉字字形结构的理论。

基本要求:熟悉基本概念,掌握所举例证,能用本部分讲授的基础知识分析认识汉字的字形结构。

重要名词概念:字符、古文字(甲骨文、金文、大篆、小篆)、隶书、古隶、隶定、六书、三书、本字、假借字、假借义、古今字。

第一章　汉字的产生和性质

第一节　汉字的产生

注意以下问题:

1. 文字产生与发展的原因

古时没有录音设备,有声语言不能传于异地、留于异时。随着人类社会的不断发展,有声语言受到时间和空间制约的局限性越来越突出地显现出来了。为克服这种局限,人类创制了标记有声语言的视觉符号系统——文字。随着阶级的产生,统治者强烈地需要使用文字作为重要的管理工具。在这种需求中,文字很快就成熟完善起来。

2. 图画、图画文字与文字起源

文字起源于图画。图画具有辅助性的记事和交际功能,但它没有跟语词发生直接的对应关系,没有固定的读音,看画的人也往往可能对画产生不同理解;而文字必须具有形、音、义三个要素,所以图画与文字还有很大距离。当图画进一步发展,与具体事物、概念的联系更为密切时,便形成了图画文字。图画文字是文字的雏形,也就是原始文字。图画文字跟语言单位不一定是一对一的关系,但一定与语言有直接联系,记录了语词的声音和意义。

史前人类采用过各种各样的辅助手段帮助记忆,如结绳记事或契刻记事。中国古代的八卦也是一种符号系统,可以用来占卜等。但以上这些记事手段都不是文字的起源,甚至和文字没有关系。八卦更是产生在文字已经很成熟的时代。

第二节　汉字的性质

注意以下问题:

1. 文字类型如何判定

一种文字的类型是由构成这种文字的字符特点决定的。从不同角度可以做不同的划分。①从字符的表意、表音作用划分,文字可以分为象形文字、表意文字和表音文字。②从字符与语言中各个要素的关系划分,文字可以分为句意文字、表词文字、语素文字、音节文字、音素文字(字母文字)。

2. 构成汉字的字符

构成汉字的字符有三种:表意字符、表音字符、记号。从字符性质看,主要是表意和表音性的,记号字也是从表意字和表音字变化来的。表音字符里有很多同时含有意义,所以有学者把汉字称为意音文字。

3. 汉字体系的形成

作为一种成熟的文字体系的汉字,在商朝中晚期就已经基本形成。汉字是适应汉语的需要而产生的。汉语是单音节语言,没有严格意义上的形态变化。和音素文字不同,汉语的音节和意义是直接相联系的,是表意的语音单位。汉语的声母、韵母、声调和意义是密切相关的,这种结构特点决定了汉字的性质。汉字是成熟完善的文字体系,有人想用表音文字取汉字而代之,这既无必要,也不可行,只能是徒劳无功。

第二章　汉字的字体演变

本章涉及的基本概念较多,学习时特别注意以下问题:大篆与小篆;汉字字体演变的阶段及其特点。此外,秦书八体及其分类方法,各体名称的含义等也应有所了解。

第一节　甲骨文

1. 甲骨文的发现及其意义

甲骨文(甲骨卜辞)即龟甲兽骨上的文字,是目前所知的最早的成系统的汉字。自1899年被金石学家王懿荣偶然发现后,甲骨文的研究已经成为一门研究古代文字和社会历史的专门学科——甲骨学。

2. 甲骨卜辞的内容、行款的特点

一片完整的卜辞,一般记载四个方面的内容。一是占卜的日期和占卜人,称作"叙辞";二是所占卜的事,称作"命辞";三是审视兆纹,做出福祸吉凶的判断,称作"占辞";四是事后应验的情况,称作"验辞"。

3. 甲骨文已是成熟的文字系统

甲骨文字的基本类型是象形字,但也有相当数量的假借字。这些假借字也是借用象形字来表示同音词。在甲骨文中,形声字还不太多,大约占总数的1/5。形声字都是合体字,往往既表音,又表意。合体字,尤其形声字,是汉字的发展方向。到了东汉,95%以上的汉字已经是合体字。

4. 甲骨文形体的特点

(1)象形程度比较高,接近图画文字。

(2)字形不规范:有的字方位可以颠倒;一个字可以有若干形体;偏旁可以不同。

5. 甲骨文的分期

董作宾先生的《甲骨文断代研究例》是甲骨文分期方面公认的权威之作。根据董的研究,甲骨文分为五期。第一期:盘庚、小辛、小乙、武丁;第二期:祖庚、祖甲;第三期:廪辛、康丁;第四期:武乙、文丁;第五期:帝乙、帝辛(纣王)。其他各家还有不同的分期,如胡厚宣、陈梦家,但大都是在此基础上的微调。

6. 几部研究甲骨文的著作

(1)刘鹗的《铁云藏龟》是第一部著录甲骨文的书。

(2)孙诒让的《契文举例》是第一部对甲骨文进行考释的书。

(3)于省吾的《甲骨文字诂林》是一部甲骨文考释方面的集大成之作。

(4)郭沫若主编的《甲骨文字合集》是迄今为止甲骨文资料收集最丰富、最完整的一部书。

(5)陈梦家的《殷墟卜辞综述》是一部综合研究甲骨文的著作。

(6)孙海波的《甲骨文编》和徐中舒的《甲骨文字典》是两部工具书,可满足一般学习者甚至专业工作者查检甲骨文的需要。

第二节　金文(钟鼎文)

1. 名称的由来

古时的金一般指金属,尤其是铜,所以青铜器上的文字被称为金文。这种文字最初发现于钟鼎等器物之上,因此又称钟鼎文。

2. 金文的制作与研究

在青铜器上铸铭文始于商代后期,到西周达到了鼎盛时期。商周时代的青铜器在汉代就有所发现;到了宋代,开始有人搜集研究。清朝和近现代的金文研究著作很多,罗振玉、郭沫若等人更是对金文研究做出了突出贡献。

3. 金文字体的特点

(1)商代金文的象形程度较高,与甲骨文有相似之处。

(2)由于金文浇筑在青铜器上,所以从笔势上看,多保存肥厚的笔法,甚至是充实的团块。这点和甲骨文很不相同。

(3)字体仍不规范,一个字常有多个不同形体。

(4)书写款式比较规整,或正或反,或斜或倒的情况比甲骨文少得多。

第三节、第四节　秦系文字和六国文字

1. 小篆的地位

小篆是秦国文字继承、融合西周晚期金文的产物,是古文字(甲骨文、金文、大篆、小篆)的最后一个阶段。现在保存小篆最多的是东汉许慎的文字学著作《说文解字》，共收录9 353个字。《说文解字》是了解小篆、释读金文和甲骨文必不可少的工具。从小篆开始，汉字的形体基本趋于定型化：划一各种偏旁的形体；确定偏旁在字中的位置；确定字的形旁。这些工作的完成和秦宰相李斯等的《仓颉篇》密不可分。

2. 六国文字

现在能见到的齐、楚、燕、韩、赵、魏六国的文字，除在《说文解字》里有部分保留外，主要散见于战国时六国的铜器铭文及玺印、货币、兵器、简帛。六国文字的特点主要有：①俗体流行；②文字异形。

第五节　隶书

1. 隶书的产生及特点

隶书大约是战国末期在小篆基础上产生的。研究隶书的基本材料是睡虎地秦墓中发现的竹简，其上的文字与篆字已有很明显的区别。这种字体就是早期的隶书，被后人称作古隶。大约西汉中期，古隶逐渐演变为今隶，至东汉时今隶已完全成熟。

隶书对篆字的字形结构进行了改造，主要体现在简化方面：

（1）把篆字圆转相连的笔画分解为平直的数笔。

（2）把篆字相同的偏旁转化为不同位置的不同写法。

（3）把篆字不同的部件归并为相同的偏旁。

2. 隶变的意义

汉字由篆书演变为隶书称作"隶变"，这是汉字发展史上最显著、最重要的变化。还有一个与隶变相关的概念叫"隶定"，即用楷书的笔法写古文字。隶变使汉字从古体（甲骨文、金文、大篆、小篆）阶段跨入了今体（隶书、楷书）阶段，是古今文字的分水岭。隶书打破了文字以象形为基础的结构方式，符号性大大增强。从此，汉字结束了以象形线条为标志的古文字阶段，进入了以笔画为标志的今体字阶段。

第六节　草书和楷书

1. 草书

草书指汉字演变过程中产生的一种特定字体，是在古隶草体的基础上形成的。草书又有章草和今草之分。章草指还能看出隶书章法的草书，大约形成于西汉中期。今草比章草更为潦草，不仅每字的笔画有勾连，字与字之间的笔画也常常勾连在一起。今草的代表人物有晋朝的王羲之。唐代的张旭、怀素等人在今草的基础上随心所欲地即兴发挥，随意增损，字与字之间几乎分不出界限，这就是所谓狂草。今草已经很难辨识，狂草更是完全失去了交际功能，成为一种纯艺术形式。

2. 楷书

（1）楷书的概念。楷书的"楷"是楷模、范式的意思。楷书又名正书、真书，是汉字今体阶段的重要字体，也是现代使用最广泛、最实用的字体。

（2）楷书的形成及特点

楷书大约形成于东汉后期，是在汉隶草体基础上形成的，同时受到了草书的影响。南北朝以后，楷书取代今隶成为通行的标准字体。楷书克服了隶书难写的缺点，所以从汉魏至今，都是正式场合的标准字体。

第三章　汉字的字形结构

本章重点为六书和三书的具体含义。

第一节　六书和三书

1. 六书说

六书是分析汉字结构的传统方法。"六书"之名始见于《周礼》；《汉书·艺文志》第一次明确指出六书为"象形、象事、象意、象声、转注、假借"六种造字方法。东汉学者许慎的《说文解字》对六书的解释最为详尽，所用名称、排列顺序也与前人稍有不同。许氏的六书名称和排列顺序是：指事（注意：不是"指示"）、象形、形声、会意、转注、假借。关于六书的具体内涵请参看教材。

六书说是人们在长期使用汉字过程中总结出来的古人造字条例。这种理论对汉字的学习和研究贡献巨大。但正像部分文字学家所批评的，有些条例界限不清，归字出现混淆；而且把转注和假借看作造字方法也不太适宜。尽管在操作时可能会有些不便，但现代文字工作者在从事汉字结构研究时，运用最多的还是六书说。所以现代人学习汉字构造理论时，应把六书说作为重点之一。

2. 三书说

现代文字学者经过对汉字构造传统理论的重新思考，提出了一些新的理论，比较有代表性的是唐兰的三书说。三书即象形、象意、象声。陈梦家和刘又辛也提出了自己的三书说：象形、假借、形声（陈梦家）；表形、假借、形声（刘又辛）。几种三书说当然有其合理性，但在运用时并不比六书说更方便，因为一种构字方法往往会很芜杂，内容还须再作分类。

第二、第三、第四节　象形字、指事字、会意字

1. 象形字

象形字是从图画文字脱胎而来的，是早期汉字体系中一种重要的类型。"象"

不是"好似"而是"模拟"的意思。象形字的线条比较简单,有时只勾勒出物体大致的轮廓或某些特征。象形字是汉字形体构造的基础。指事字就是在象形字的基础上添加指事符号;会意字和形声字的构形成分很多也是象形字。随着文字的演变,象形字大多逐渐丧失了象形的意味,增强了符号性,有些则被形声字取代了。现代汉字里几乎没有象形字。

2. 指事字

与象形字相比较,指事字使用指事符号表示较为抽象的概念。指事字的意义须仔细观察,这不同于象形字模拟具体事物的形象那么明显,也不同于会意字,因为会意字都是合体的,一般由两个独立的意义单位合成;而指事字是独体字,指事符号不是一个独立的意义单位。按照有的文字学家的划分,指事字包括两种:纯粹的指事字和在象形字上加指事符号的指事字。

3. 会意字

会意字应该符合两个条件:一是合体;二是构字的形体中没有表音符号。如果合体字的不同部分有表音符号,则归入形声字为宜。会意字大致可以分为同形体的会意字和不同形体的会意字。相同的两个或几个形体构成的会意字必须产生新意,如二木为"林",三木为"森"等。

第五节 形声字

形声字必然为合体字,是在象形字、指事字,甚至会意字的基础上形成的。形声是汉字造字方式中能产性最强的一种,现代汉字中绝大多数为形声字。

1. 形声字的结构

形声字由意符和声符两部分构成。意符和形旁、声符和声旁基本上是相同的概念。意符表示的是意义范畴,不是具体意义。如从"木"的字基本和树木相关,从"辵"的字基本和走路或腿脚的动作相关等。声符按道理应该和以之为声符的形声字同音,但由于古今音变或方言等因素,很多声符和形声字并非同音,这种情形在造字时代应该是不存在的。

2. 形旁(意符)与声旁(声符)的位置

就整体而言,形声字的形旁和声旁的位置五花八门,有十几种。例如:左形右声:指、纹、伙、珊;右形左声:剑、剂、颌、和;上形下声:菁、芜、蒍、筹;下形上声:盛、愿、煮、吾;外形内声:固、围、园……

3. 声旁的表意作用

声旁除了表音外,很多还兼表意义。宋人王圣美提出"右文说"(因为声旁大多在右边),认为声旁同时也表示意义。清代乾嘉时期的学者,尤其是王念孙、王引之父子提出了因声求义的主张。声旁常常能够表意,但这点不是绝对的。例如,用"长"(zhang)作声旁能构成很多字,这些字也多含"长"义,如"张",弓拉开;"帐",布幔张开;"涨",水长高;"胀",膨胀;等等,都可以看作含有"生长"义。但如果说"伥、怅、苌、枨"等都含有"生长"义恐怕就勉强了。所以认为声旁具有表意作用不能绝对化。研究声旁表意作用的目的是为了根据音近义通的原理研究语源,而不能囿于字形。

第四章　汉字的应用和发展

本章重点为:假借、分化、简化、异体。

第一节　假借

严格说来,假借就是语言中的某个词,没有用来表示它的本字,于是借用表示另外一个同音词的字来表示自己。还有一种情况也常被称为假借,就是一个词有本字,但人们在书写时没有写这个本字,而是写了另一个同音或音近字,其实也就是写了别字。这种情况确切地说应该叫通假。

第二节　分化

文字是交际工具。一个汉字的意义太多,就会影响交际的效率,就要用别的字分担这个字的职能。

(1)由于假借造成字义过多,需要另造新字加以分化,新造的字叫分别字。具体有五种情形:①加形旁为假借义造分别字;②加形旁为字的本义造分别字。③一个字借为他用,为假借义造一个与原字形无关的分别字;④一个字借为他用,另外借一个字表示它的本义。⑤一个字借为他用,既为假借义造字,又为本义造字。

(2)由于引申义过多,需要另造新字加以分化。主要有两种情况:①一个字产生引申义之后,为表示原义的字造一个分别字;②一个字产生引申义之后,为表示引申义的字造一个分别字。

第三节　简化

(1)简化字的概念及汉字简化的概况。

(2)汉字简化的主要方式。

(3)汉字简化要有度,不能认为越简越好。

第四节　异体

(1)异体字的概念;异体字与古今字的区别。

(2)异体字的构成方式。

第五章 汉字的历史贡献

汉字的历史贡献主要有四点。

（1）汉字促进了汉民族共同语的形成,巩固了中华民族大家庭的团结和国家的统一。

（2）汉字保存了悠久的古代文明和优秀的文化遗产。

（3）汉字本身保存了大量古代汉文化的信息。

（4）汉字的各种字体形成了特有的书法艺术。

第二部分 词汇

第六章 对古汉语词汇的基本认识

学习目的和要求:认识古汉语词汇中单音词占优势的特点和单音词与复音词、复音词与词组的区别;对几种词汇类型(联绵词、叠音词、偏义复词、同名与专名、成语与典故)的概念、性质及基本特点有所了解;从字与词对应的角度认识繁体字、异体字、同形字、假借字和区别字。

第一节 单音节词的优势地位

1. 古汉语中单音词占优势

古汉语和现代汉语在词汇方面有一个明显差异,就是古汉语以单音词为主,现代汉语以双音词为主。所以一段古文翻译成现代汉语时,句子的长度明显增加。古汉语中的很多双音节单位,例如"虽然、妻子、于是"等都不是词,而是词组。像"地方千里"中的"地方",意思是"土地有上千平方里","地"是名词,"方"是动词,"地方"是两个词。

2. 词汇的复音化经历了长期的过程

注意以下两种情况:①后来演变为双音词的两个语素原来可以分别训释。②前后两个语素可以倒置。这说明词汇正处在由单音词向复音词的转化过程中。

第二节 值得注意的集中词汇类型

1. 联绵词

（1）联绵词的性质。联绵词从语音看是复音词,从意义看是单纯词(一个语素构成的词),如"窈窕""盘桓"。掌握联绵词一定不能受字形的束缚,不能看单字的意思,而要摆脱字形,把握词的整体含义。

（2）联绵词的特点。两个音节往往有语音(古音)上的联系,或为双声,或为叠韵,或为同调,有的既双声又叠韵。这几种情况占了联绵词的绝大多数。

书写形式不固定。因为联绵词的两个字只表示声音,所以同音的书写形式就可能很多。辨识联绵词时不能拘泥于书写形式,而要从声音着眼把握词意。

2. 叠音词

叠音词就是一个双音节词的两个音节相同。表现在书写形式上,两个音节的用字也往往相同。少数叠音词由两个单语素重叠而成,大部分则与联绵词性质一样,也是只包含一个语素的词。

3. 偏义复词

(1)偏义复词的性质。一个复音词由两个意义相关或相反的语素构成,但整个词只表示其中一个语素的意思,这就是偏义复词。例如,"窗户"就是个偏义复词,它只有"窗"的意思,没有"户"(门)的意思。要注意偏义复词和一般并列式复合词的区别,不要把前者的陪衬语素当作实义单位。

(2)偏义复词的构成。两个语素意义不同,但表示的事类相关,常放在一起用,例如,"车马";两个语素的意义相对、相反,例如,"缓急"(只有"急",没有"缓")。

4. 通名与专名

通名与专名是一类事物的通称。如"波"是通名;"大波为澜,小波为沦","澜、沦"就是专名。

通名和专名的两类情况:①大类和小类的关系。通名表示大类,专名表示小类。②整体和局部的关系。通名表示整体,专名表示局部。如"领"(脖子)是通名,"颈"(脖子前部)、"项"(脖子后部)是专名。

5. 成语与典故

(1)成语是词汇的组成部分。成语是固定词组中最重要的一类,无论从意义上看,还是从结构上看,都和古代汉语有着密切关系。学习成语时,应注意从整体把握意义。另外,还要注意成语意义的变化。如出自《韩非子》的"守株待兔",原指抱残守缺而不知变通,后来意思演变为不想付出太多努力而有所收获。

(2)注意对成语典故的理解。成语典故和古代语言文化有密切关系。很多情况下,不了解成语典故,即使每个字词的含义都懂,也读不懂古诗文。

第七章　古汉语中词汇与文字的关系

本章与文字部分交叉之处很多,重复之处从略。

第一节　繁简字

本节应特别注意辨识繁体字和简体字的对应关系。有些繁体字本来在意义上没有关系,但简化后成了一个字。也就是说,这个简化字代表了几个不同的词。例如"谷"(山谷)和"穀"(谷物)本是两个字、两个词,简化后成了一个词。这种情况在读古诗文时就要留意。

第二节 异体字

异体字是形体不同而音义完全相同的字。异体字就是表示同一个词的几个不同字形。一般情况下,异体字都可以互相替代。

第三节 同形字

同形字指字形结构相同而表示的却不是一个词。如"嘿"(hēi 象声词)和"嘿"(mò 沉默)就是同形字。在阅读作品时应特别注意同形字与词的对应关系。如古代作品中常有"嘿然"的说法,这个"嘿"对应的就是"默"。另外要注意,同形字构成的同形词不同于多义词。多义词的不同意义之间是存在密切联系的;同形字构成的几个同形词之间不存在意义上的联系。

第四节 假借字(见文字部分)

第五节 区别字(见文字部分)

第八章 古汉语词汇中词的意义

本章学习目的和要求:了解词义的基本类型;结合实例,认识词义的社会性;认识词义的概括性;区分词的言语义和语言义。

第九章 词义的发展变化

本章学习目的和要求:认识古今词义的差异;理解词的本义和引申义;了解词义变化的方式和词义变化的结果;阅读作品时,运用所学知识尝试对词义变化进行分析。

第一节 古今词义的异同

1. 考察词义要树立历史观点

树立历史观点简单说就是不能以今律古,要把词义放在具体的社会历史文化背景中观察分析。

2. 古今词义异同的几种情况

①古今词义完全相同。②古今词义完全不同。③古今词义同中有异、异中有同。这三种情况中,第三种最需要关注。因为第一种不存在理解问题;第二种通过查工具书可以解决;而第三种则往往会出现以今度古的情况。

第二节 词的本义和引申义

1. 词的本义

本义指词生成时的意义。判断本义是以文献中的用例为准而不是"按理应该"如何。有些词的本义已经失传,得不到文献支持,推测出来的本义也没有意义。

2. 词的引申义

引申义指由本义延伸派生出来的意义。例如,"题",本义是额头,引申为标题、题目等。

第三节　词义的引申方式

1. 引申的一般规律

从总体变化趋势看,由个别到一般,从具体到抽象是词义引申的普遍规律。但这不是绝对的,也有相反的情形。

2. 引申的具体方式

①辐射型;②连锁型;③综合型。

第四节　词义变化的结果

1. 意义单位的增加和减少

大致分为三种情况:①古今基本相同,如"山"等。②义位减少,如"怜",古汉语有"爱"和"怜悯"两个意思,现在"爱"义基本没有了。③义位增加,如"家"本指居所,后来又指家庭。

2. 词义变化的几种结果

(1)词义扩大:指词义的外延或范围增大。如"匠",原指木匠,后来指各种有专门技术的人。

(2)词义缩小:指词义的外延或范围缩小。如"宫",秦代之前,不论居住者身份贵贱,住的房屋都可以称宫。秦以后,则专指帝王的宫殿。

(3)词义转移,变化后的词义和原义在内涵和外延上都不相同。如"涕"本是眼泪,后在普通话里意思发生了变化。

第十章　古汉语中词与词的意义关系

本章学习目的和要求:明确词的同义、反义关系要以义位为单位;了解同义关系的辨析方法;了解反义关系的类型;了解同源词的确认条件;了解新词产生、旧词消亡、词语替换。

注意以下问题:旧名的继承与消亡;新名的产生;古汉语的词汇系统。

第十一章　词汇的发展变化

本章学习目的和要求:了解名称变化的几种情形和旧名的继承与消亡;了解新名的类型和构成的三种情况;了解新语素的生成和旧语素的演化。

本章还应注意汉语词汇从以单音节词为主到以复音词为主的变化过程。本章和第九章的不同之处也请注意。第九章是讲词义的演变,也就是说词形的变化不在讨论之列;而本章主要是讲词形的发展变化。当然,讲词形的变化不能不了解所涉及的词的意义,但词汇和词义的变化不能混为一谈。

第三部分　语法

本章基本内容和重点:古汉语的基本词类及各类词的句法功能;基本的句法结构类型;句子的基本类型。

古今汉语的语法大同中有小异。学过现代汉语语法的人掌握古汉语语法并不难,语法古今不同之处是学习的重点。

第十二章　古汉语的词类

本章学习目的和要求:了解古汉语的词类系统;了解古汉语词类和现代汉语词类的异同;基本掌握词类活用和词类活用的标准。

重要名词概念:使动用法、意动用法、无定代词、复指代词、时间词、表敬副词、助词。

第十三章　古代汉语的基本句法结构

本章学习目的和要求:掌握古汉语的七种基本句法结构,理解它们不同于现代汉语的特点。

重要名词概念:联合结构、偏正结构、主谓结构、述补结构、述宾结构、连谓结构、助词结构。

第十四章　古汉语的基本句类

本章学习目的和要求:了解划分句类的基本原则,掌握从不同角度划分的句类;掌握判断句的基本形式和常用的判断词,理解判断句的表达功能;掌握被动句的基本形式。

重要名词概念:判断句、被动句。

如何学习现代汉语

首都经济贸易大学文化与传播学院　顾　明

一、课程简介

"现代汉语"有两个含义:一是指一种重要的交际工具,即现代汉民族使用的语言;二是指研究现代汉民族语言的学科,现代汉语课就是学习这门学科。

作为一种交际工具,现代汉语是世界上使用人口最多的语言,也是历史最悠久并且最发达的语言之一。现代汉语是现代汉民族的共同语,也是汉民族和中国各少数民族以及各少数民族人民之间彼此交往时使用最多的语言。一般而言,20世纪初以来,言文(口语和书面语)基本一致的汉语都可以称作现代汉语。狭义的现代汉语指普通话,广义的现代汉语则包括各大方言。本课程涉及的是狭义的现代汉语,介绍现代汉语的结构和功能,使学习者在对语言有一定感性认识的基础上进一步掌握基础理论,不仅提高驾驭汉语的实践能力,提高维护语言规范化的自觉性,加强语言文字方面的修养,而且拓宽知识面和学术视野,完善自身的知识结构。

作为一门课程,现代汉语是高等院校中文系、新闻系、外语系各专业的基础课。现代汉语虽然不是纯粹的理论课,不是典型的工具课,也不是完全的实践课,但它兼备理论课、工具课和实践课的特点。通过学习本课程,学习者应初步掌握有关现代汉语词汇、语法、现代汉字等方面的知识,并且能够运用这些基础知识指导语言实践。因此,在本课程的学习过程中,语言理论和语言实践不可偏废,而且要时时注意新的语言现象和理论的产生,做到与时俱进。

本课程共分五个部分:第一章,绪论。第二章,词汇。第三章,语法。第四章,汉字。第五章,语言的运用。

二、学习方法

(一)基本要求

学习本课程,应该把握几点:识记现代汉语中的重要概念,密切联系语言实际,理解并融会贯通有关现代汉语词汇、语法、汉字和语言运用的基本知识,具有初步观察分析语言现象和较好运用语言的能力。

（1）对于汉语本身和语言现象不但知其然，而且知其所以然。也就是说，作为一个具有较高素质的社会人，不能仅满足于会使用现代汉语进行一般的交流，还应该掌握汉语的内部规律，了解语言的发展趋势。

（2）提高自觉运用语言理论指导语言实践的意识。说话得体、文章漂亮固然与一个人的认识水平有很大关系，但没有语言知识，就不能有意识地运用语言理论观照自己的语言实践，也不能在说话、写文章时如鱼得水、挥洒自如。

（3）勤于观察，尽量增强对各种语言现象的鉴别能力。语言现象千差万别、千变万化，准确地分析、鉴别语言现象是正确运用语言的前提，尤其是对于处在变化之中的语言现象，如网络词汇等，更应时时加以关注。

（4）注意现代汉语与其他相关学科的联系。打好语言学概论、古代汉语等相关学科的基础，对于学好现代汉语有非常积极的促进作用。有了相关学科的知识，在学习现代汉语的过程中往往能举一反三、触类旁通，开阔知识面，增加学习兴趣。

（二）基本程序

从学好各门课程的纯程序层面上说，应该做到以下几点：

1. 预习教材

预习不应该是随意浏览，而应该是开动脑筋，根据自己现有的知识背景仔细思考，了解教材的基本内容和基本概念，努力发现问题。通过预习，学习者会发现所学内容哪些比较容易理解，哪些有一定难度，哪些是疑难问题。经过分类梳理，学习者自然会把侧重点放到后两项，尤其是疑难问题上。带着问题学，往往能变被动为主动，在思考的同时增加学习的乐趣。例如：

［1］这本书我看了三天。（表示书看完了）

［2］这本书我看了三天了。（表示书没看完）

两句的差别只有一个字。我们知道，汉语中的"了"一般表示完成，所以第一句是说书看完了。第二句比第一句多个"了"字，却反而表示书没看完。稍加变化，第一句可以说成"这本书我看了三天才看完"。第二句可以说成"这本书我看了三天了，还没看完"。留意观察这样的差别，自然会增加学习的乐趣。再如，"人来了"和"来人了"这两个结构，包含三个完全相同的词，只是词序不同，似乎意思上差别不大。但稍微想想就会明白，前者"人来了"中的"人"是特指的，是发话者心中知道的；而后者"来人了"中的"人"是泛指的，是发话者不知道的。所以二者在意思上的差别还是挺大的。注意这样的差异，不但能够提高学习和研究语言的兴趣，对培养观察、思考和分析语言现象的能力也很有裨益。

2. 研读教材和其他辅导读物

在预习的基础上,仔细阅读教材。经过预习,已经大致知道哪些内容需要多花时间、精力。对这部分应该认真做笔记,注意归纳总结知识点,争取解决多数疑难问题。记笔记应做到以下几点:第一,记重要概念的定义或准确内涵。例如,现代汉语的定义,现代汉字的准确内涵等。第二,记分析问题的方法、步骤。例如,同义词的分析方法和分析步骤。第三,记重点、难点。例如,汉语由于基本上没有形态变化而体现出的以"意合"为主的特点。第四,记典型的例子。例如,短语有五种基本结构类型,每种类型可记一个典型例子。

3. 复习巩固

教育学、心理学等诸多学科专家长期研究得出的结论,所学知识的获取,90%以上是靠复习,知识转化为能力也需要在复习中逐步实现。就像没有生而知之的人一样,也没有不经过复习巩固,就能够掌握所学知识的人。复习是非常重要的环节,是整理、归纳、补充、提炼和强化记忆的过程,也是知识转化为能力和创新的过程。复习时要检查哪些问题已经解决,哪些问题尚未解决,新产生了哪些问题;要总结归纳学习心得,对笔记进行必要补充,对有关重点、难点注上醒目的标志等,以利于做习题时参考或考前的总复习。

4. 多做各种思考练习题

多做各种思考练习题,巩固学习成果并解决剩余疑难问题。现代汉语是一门实践性和应用性都很强的课程,如果仅停留在理论学习层面,效果肯定不理想。这就像学习数学,光背公式和定理是不可能学好的,必须大量做题才能把抽象的东西转化为自己的能力。

5. 阅读作品

大量阅读各类作品,尤其是公认的优秀作品。

6. 学以致用

努力把所学知识付诸应用,在实践中提出问题、分析问题、解决问题。

以上各项中,前四点是基本要求,后两点侧重于提高。虽然都是老生常谈,但真正做到的人并不多,希望学习者重视起来。

(三)基本方法

从学好本课程的纯技术层面看,以下几种方法都是既常见又实用的基本学习方法。

1. 比较法

运用比较法是发现不同语言现象的异同,从中找出不同规律的有效手段。具体而言,主要有三种:普通话和方言的比较;汉语和外语的比较;现代汉语和古代汉语的比较。有比较才能有鉴别,不通过比较,对很多事物的特点就不会有清晰的了解和认识,更谈不上熟悉掌握了。举个最简单的例子,比较一下东北话和普通话中的"咱们",就会发现意思差别很大。普通话中的"咱们"是包括说话者和听话人在内的;东北话的"咱们"则往往不包括听话人。再比如,"时不我待"是个常用的固定词组,意思很好理解;可是为什么不说"时不待我"而要把代词"我"放到动词"待"前面呢? 这和现在一般的表达习惯不同。但与古代汉语做个比较就知道,"时不我待"和"人莫予毒"(没有人危害我了),"尔勿我欺"(你不要欺骗我)句式是一样的,它是先秦汉语的用法在现代汉语里的遗留。我们由此知道,即便学习研究现代语言,也离不开与古代语言的比较,因为只有通过比较,才能弄清一种语言现象的来龙去脉,从而更好地把握这种语言现象。至于把汉语同外语做比较,其重要性更是不言而喻。

2. 归纳法

运用归纳法的主要目的,是把相同类型的语言现象收集到一起,对它们进行科学的分析与概括。归纳的前提是拥有大量鲜活的语言材料,这就要求我们时时留意各式各样的语言现象。归纳的过程也是科学概括的过程。例如,"摩托车骑走了。"我们初看这句话,可能觉得有点怪,因为摩托车是不能发出"骑"这个动作的,应该是摩托车"被骑走"才对。但在汉语里,这样的说法比比皆是:桌子搬走了;粮食吃光了;窗户关上了;医院去过了……诸如此类的说法不胜枚举。经过归纳我们发现,汉语的被动句不一定非要用"被"之类明确表示被动的形式标志,这和西方语言是完全不同的。当施事成分(即动作的发出者)不明确或不需要强调时,句子往往不带"被"这类词。经过归纳,有些类似的问题就可以迎刃而解了。

3. 演绎法

演绎法和归纳法是相辅相成的,在语言学习和研究过程中二者往往交替使用。演绎法是由一般到特殊的一种推理,通常以某种理论为依据,经过对语言事实的考察、验证,进而推导出新的定律、规则等。人们经常使用的三段论就是一种演绎推理。例如,由逻辑常识可知:任何词语都应该有意义。因为一个词语如果没有任何意义,人们说话写作时就不会使用它,它也就不应该存在于语言中。有人会提出问题:像"聊着""吃了""去过""我的书"里的"着、了、过、的",人们天天用,可是有什么意义呢? 确实,这些词不像"飞机、奔跑、快乐、三个"等可以表示事物、动作、情状、数量之类具体可感的对象。"着、了、过"表示的是动作的状态,"的"表示领属关系。它们在语言中起到一定的语法作用,其意义都是高度抽象的关系义,被称为"语法意义",所以说它们也是有意义的。得出"着、了、过、的"都有意义的结论其实就是运用演绎法的结果,即:任何词语都有意义。"着、了、过、的"都是词语,所以它们都有意义。

总而言之,学好本课程,不论从理念、态度还是从程序、方法的角度看,都需要学习者加以重视,以期收到最佳效果。

三、基本知识和学习重点

本课程包括五部分:绪论、词汇、语法、汉字、语言的运用。语音部分由于不便自学,所以没有列入。下面对各部分的重要概念、学习重点等加以提示。下面解释的概念都需要学习者理解其内涵而不要死记硬背。有个别教材上没出现的概念,因为学习的需要也一并列出。

第一章　绪论

基本内容:现代汉语的含义、现代汉语的构成、现代汉语的特点。

第一节　什么是现代汉语

1. 基本概念

(1)语言。语言是以语音为物质外壳,以词汇为建筑材料,以语法为结构规律的符号系统,是人类最重要的交际工具和思维工具。

(2)语言要素。语言要素也叫语言结构要素,即语音、词汇、语法。

(3)现代汉语。汉藏语系的主要语言之一,是现代汉民族的共同语及中国各少数民族之间的主要交际工具。现代汉民族的共同语被命名为普通话,它以北京语音为标准音,以北方话为基础方言,以典范的现代白话文著作为语法规范。

(4)形态变化。形态变化指词在形式上发生的变化。狭义的形态变化指词表示语法意义的形式变化,如英语的 walk – walks – walked – walking;广义的形态变化包括起构词作用的形式变化,如汉语的"看——看头,平安——平平安安"。

(5)形合。通过语言外部的形式标志表达或理解语义关系的手段就是"形合"。例如,汉语的"窗户关上了"是个表达被动含义的句子,但句中并没有表示被动的词"被、给"等;而用英语表达就要说 The window was closed. 句中不能没有表示被动的标志系动词(was)和过去分词(closed),这就是形合。

(6)意合。通过语言单位之间的逻辑关系,而不是通过语言外部的形式标志来表达或理解语义关系的手段就是"意合"。例如,"下午我们小组讨论",在不同语境中,既可能是"我们小组下午讨论",也可能是"下午我们分成小组讨论"。具体意思的把握不是靠形式上的标志,而是靠词语之间的逻辑关系。在形态丰富的语言里就不会出现这种现象。

2. 难点分析

理解"形合"与"意合"是搞清汉语自身特点的一把钥匙("形合"与"意合"在后文语法部分有所涉及)。

汉语中很多现象都不能套用一般的语言直觉来解释,因为汉语没有严格意义上的形态,这也是汉语中形合的情形比西方语言少得多的缘故。比如,汉语中"一不注意,小孩跑了"和"一不注意,小孩丢了",看起来结构相同,但意思上差异很大。"跑"是小孩自己主动发出的动作,而"丢"当然是说大人不注意,找不到孩子了(孩子被丢了)。"小孩"在两句中一是主动,一是被动,但汉语中可以没有形式标志。又如汉语可以说"教室里有人吗?"不必问有一个人还是几个人,这是因为"有"和"人"不存在单复数形式;如果是英语,问的时候就必须明确是 Is there 还是 Are there,是 any person 还是 any people。类似的例子非常多,大家可以细心观察。在说话写东西时也应注意避免不符合汉语习惯的说法。例如,"那家伙淹死了""箱子撬开了""火扑灭了""规则运用得合理"等说法,很多人都要在动词前加上"被"字,其实大可不必。而且有的句子加上"被"反而别扭,如"规则被运用得合理"。

第二节 现代汉语的构成

1. 基本概念和要点

(1)方言是相对于共同语而言的,是民族语言的地域变体。

(2)基础方言指民族共同语赖以存在的方言。汉语的基础方言就是北方方言。

(3)现代汉语共有七大方言,按使用人口顺序为:北方方言、吴方言、粤方言、湘方言、闽方言和客家方言。

(4)语法规范。语法分为词法和句法,所以语法规范包括词法规范和句法规范。语法规范就是遵循构词或造句时的规则。例如,汉语的形容词"漂亮""马虎"可以说"漂漂亮亮""马马虎虎",但同为形容词的"可爱""充分"说成"可可爱爱""充充分分"就不行,不合规范。这是词法方面的。再如,"领导对我们来说,还是挺关心的"一句,"对……来说"就用错了;"她拿出一块非常雪白的手绢"一句,"非常雪白"也不合规范。这两例是句法方面的。

(5)普通话。普通话也就是狭义的现代汉语,指以北京语音为标准音,以北方方言为基础方言,以典范的现代白话文著作为语法规范的现代汉民族共同语。普通话是不同方言区人民之间与中国各民族之间交际的主要语言。

2. 难点分析

现代汉语包括七大方言,各方言差异很大,方言之间能够通话的很少。因此,有的国外学者和某些图谋分裂国家的人(如"台独"分子)就把汉语的各不同方言看作彼此互不相关的独立的语言。有些普通人也会有类似的看法,但这种看法是不对的。原因有二:一是中国从秦统一六国开始,政治上长期保持高度的统一,使用汉语各个方言的地区一直属于一个国家,方言从来没有脱离过共同语而独立为一种语言。二是由于汉字维系着汉语的各个方言,使得各个方言区的人能用汉字进行交流。所以,各方言是同一种民族语言的地域变体。

第三节 现代汉语的特点

1. 基本概念和要点

(1)词汇特点。语汇特点有三点。

第一,单音节语素为主。古今汉语中单音节语素占统治地位。随着对外交流越来越广泛,现代汉语里双音节、多音节语素大量增加,如"沙发、扑克、克隆、麦克风"等,但与单音节语素相比较只占很小一部分。

第二,双音节词为主。汉语词汇中,双音节词占到75%左右,其中,绝大多数都是由两个语素构成的。双音节词占主导是现代汉语和古代汉语的最大不同,我们在运用语言时应该注意这个特点。有人写东西时常在该用双音节词时不伦不类地用了单音节词。例如,"晚会上有人歌,有人舞,热闹极了。"句中不用双音节的"唱歌、跳舞",让人听起来觉得别扭。何况"歌、舞"在现代汉语中也不能单独用作动词。

第三,构词以词根复合形式为主。词根是与词缀相对的概念,是词中表示词汇意义的语素。例如,"老虎、阿婆、扣子、看头"里的"虎、婆、扣、看",英语sadness(悲伤),healthy(健康),weekly(每周的),unhappy(不愉快的)中的 sad,health,week,happy,它们都是词根。没有实在含义的"老、阿、子、头"等都是词缀。汉语中词根加词缀相对于词根加词根的情况要少得多。以出现在词首的"老"为例,词根加词根的复合词多如牛毛:老伴、老辈、老本、老鼻子、老巢、老成、老旦、老调、老掉牙、老夫、老汉、老狐狸、老花眼、老话、老皇历、老家、老茧、老将、老练、老路、老迈、老年、老农、老牌……随随便便就能举出二三十个;而词缀加词根的例子不过几个:老鸨、老虎、老婆、老师、老鼠、老鹰,再加上"老公、老鸹"等非普通话中的方言词也不过十来个。这还是举的能充当词缀的"老"字,而普通话里能充当词缀的语素也就不到十个。除了"子"外,其他词缀的构词能力很弱。现代汉语中90%以上的双音节、多音节词是词根复合形式。

（2）语法特点。

第一,缺乏严格意义上的形态,语序和虚词是主要的语法手段,也是汉语以"意合"为主的语言的显著特点之一。汉语说"我认识他"和"他认识我"是完全不同的,"我、他"没有词形变化,不能区分主格、宾格;这样,两个人称代词所处的位置就决定了它们究竟是动作的发出者还是接受者。词序不同,意思也会相去甚远。虚词的重要性也是有目共睹的,如常用作定语、状语、补语标志的"的、地、得",表示动作状态的"着、了、过"等。如果汉语中没有这些虚词,人们就没办法正常交流。

第二,汉语实词往往身兼多种语法功能。如名词可以充当主语、宾语,还可以充当定语,有时甚至充当谓语或状语。

第三,短语和句子的构成原则一致。在一定语境中加上句调就是句子,脱离语境和句调就是词组。在有丰富形态的语言里,词组不能成句,而必须发生形态变化才有可能构成句子。也就是说,在这些语言里,短语和句子的构成原则不可能一致。

2. 难点分析

有些人没学过多少外语,对形态变化难以理解。但没有比较就很难有鉴别,也就很难搞清汉语的特点。所以学习语言课程的人都应该学点外语,了解一些诸如性、数、格、时、体、态等基本的语法范畴。简单说,形态就是词在不同的上下文中发生的类的变化。例如,英语的动词 play(玩),work(工作)等,在第三人称单数时就要后加 s,在动作进行时就要后加 ing,在动作完成后就加 ed。也就是说,随着动作发出者的不同,随着动作发生的时间、状态的不同,动词要发生相应的变化。了解了形态变化也就很容易掌握上文讲到的汉语语法特点了。

第二章　词汇
基本内容:词汇系统、词的类型和构造、词的意义。
第一节　词汇概说
1. 基本概念和要点

（1）词汇。词汇也叫语汇,是语言中词和固定短语的总和。单独的词不能称为词汇。例如:"香港回归十年来,人们说得最多的词汇就是'一国两制''马照跑、舞照跳'之类。"句中的"词汇"就用错了,因为词语的"汇集"才是词汇。这就和不能把"两棵树"说成"两棵树木"一样。某一范围内词语的总和可以叫词汇,如"《红楼梦》词汇研究"。除词之外,固定短语也是词汇的重要组成部分。

（2）词汇的特点。词汇有诸多特点,比较显著的有两点:系统性和民族性。系统性主要指词语的聚合（类聚）关系，也就是按照不同的标准对词语进行的归类。例如，"工人、农民、军人、教师、商人"等构成一个聚合群，"桃树、柳树、槐树、榆树、枣树"等构成另一个聚合群。由于聚合的标准不同，一个词可能同时处于不同的聚合群中。民族性指：不同语言词的音义关系不同；不同语言词的组合关系不同；不同语言词义的概括范围不同。

（3）词汇单位。词汇单位包括词素、词和固定词组。

第一，词素是语言中声音和意义结合的最小自然单位。例如，"灯"的发音是dēng，意义是照明工具，二者结合在一起是个最小的自然语言单位，也就是一个语素。如果把声音或意义分解为 d 和 eng，就不是声音和意义相结合的自然语言单位了。音节的多少不是确定语素的依据，像"高尔夫"虽然有三个音节，但只包含一个意义单位（比较"冲锋枪"三个音节包含三个意义单位），所以它是一个语素。

第二，词是语言中能够独立运用的最小单位。就实词而言，独立运用指能够独立充当句子成分或者单独回答问题、单独成句。例如，"我喜欢中国文化"中"我、喜欢、中国、文化"分别充当主语、谓语、定语、宾语，那么这四个单位就都是词。单独回答问题也不难理解。例如，甲问："你来不来？"你答："来。"就是单独回答问题，说明"来"是一个词。对虚词而言，独立运用是指不依附于某几个特定的词语，能够独立地表示某种语法意义。如"我的书丢了"中的"的""了"没有充当句子成分，但它们表示领属关系和动作完成的语法意义，而且把句子成分"我"（定语）、"书"（主语）、"丢"（谓语）剥离开后，与这些词处在相同层次的成分，显然也应该是词。

固定词组包括成语、谚语、歇后语和惯用语。它的特点有两个，即结构的凝固性（或称"定型性"）和意义的约定俗成性（或称"完整性"）。凝固性是说不能任意增加、减少或替换固定短语中的成分。例如，"守株待兔"不能说成"守高株待兔"（增加成分）、"守待兔"（减少成分）或"守木待兔"（替换成分）。约定俗成性是说固定短语的意思和字面含义是不同的。例如，"龙腾虎跃"显然不是说龙飞腾、虎跳跃，而是指人活跃欢腾、朝气蓬勃。

2. 难点分析

字和语素、词的关系历来都是难点。字是书写符号，是记录语言单位的；一个汉字就是一个音节。一个单字如果有意义，就是语素；如能够独立运用，它同时也是词。如"风"就是一个笔画为四划的汉字，表示一个语素，单用时也是一个词。有些字虽有意义，却不能单用，只能作为词的组成部分。例如，"烽"字，只能与其他成分构成"烽火、烽烟"等词,而不能单用,这样的字不成词语素。值得注意的是,有的字单独没有意义,虽然有读音,但既不是语素更不是词(因为语素和词都必须声音意义兼备),例如,"徊、俐、彷"等。这些字必须和其他字结合成"徘徊、伶俐、彷徨"才能成为语素或词。有些汉字本身有意义,但作为音译词的一部分时没有它原来的含义;这时这些字就不是语素而是单字。例如,"坦克、香槟、奥林匹克"中的每一个字单独拿出来都不是语素,更不可能是词。

第二节　词汇系统

1. 基本概念和要点

(1)基本词汇和一般词汇。基本词汇是词汇中最基本、最重要的部分。基本词汇的成员叫基本词,它们有三个特点:历史稳固性、全民常用性和构词能产性。同时具备以上三个特征的才是基本词。例如,"天"这个词,仅从文献看已经存在了至少 3 400 年(历史稳固性),而且上至君王、下到百姓,无论什么人都频繁使用(全民常用性)。再者就是它的构词能力极强,例如,"天下、天子、天地、天敌、天使、天才、天赋、天良、昊天、苍天、春天、当天、云天、归天、航天、伏天……"数不胜数(构词能产性)。这就是基本词。不能同时具备以上三个特点的词语的总和就是一般词汇。一般词汇的成员叫一般词。一般词的数量要多于基本词,因为人类交际涉及社会的各方面,而不仅限于衣食住行等基本需求。一般词丰富与否标志着一个社会的语言发达程度,甚至是文明程度。

(2)常用词汇和非常用词汇。常用词语的总和叫常用词汇。它是人们日常生产生活中经常使用的、基本能够满足交际需要的词语。常用词是按照一定的标准,根据数量极为庞大的统计得出的。不同的语言工作者得出的结论不尽相同,因为每个人所根据的语料、使用的方法、采取的手段和所要达到的目的有差异。大致说来,现代汉语常用词有 4 500 个左右。掌握了这些词,人们日常交际就不成问题了。非常用词汇虽然使用频率不及常用词汇,但在日常交际中却占据着非常重要的地位,尤其是在现代社会。如"克隆、基因、按揭、休闲、牛市、商品房"等都不属于常用词,但在人们生活中却很重要。常用词是流动的概念,许多词只是在一定的历史阶段"常用",并非一成不变。

(3)口语词汇和书面语词汇。一般只在说话时使用而不出现在书面上的词语就是口语词,其总和当然就是口语词汇;反之就是书面语词和书面语词汇。口语词汇和书面语词汇之间并没有明显的界限。大部分词都既可用于口语,又可用于书面语。口语词和书面语词在演变过程中也可互相转化,如"寻觅"就是书面语词,转化为口语词就成了 xuéme,北京人就常说:"嘿,又 xuéme(噱摸)什么呢?"

第三节　词的类型

1. 基本概念和要点

（1）单纯词与合成词。单纯词是由一个语素构成的词；合成词是由两个或更多语素构成的词。如"逢、逍遥、白兰地、阿司匹林"就是单纯词；"逢迎、逍遥游、香槟酒、巧克力豆"就是合成词。合成词包括复合词（词根加词根）和派生词（词根加词缀）两类。

（2）同音词。语音形式完全相同的不同的词叫同音词，不同的词声母、韵母、声调有一方面稍异就不能称为同音词。例如，"书—输，风—疯，公式—工事，游船—邮船"是同音词；"谁—水，是—寺，疑义—意义，辉煌—回环"就不是同音词。

（3）多义词。包含两个或更多意思的词就是多义词。多义词的不同意思之间要有意义上的联系，否则就是同形词。例如，"兵"有武器、士兵、军队和战争等意思。这几个意思明显有意义上的关联性，所以"兵"是个多义词；而"买米"和"三米"中的"米"，前者指粮食，后者指长度单位（来自英文单词 metre），两个"米"只是碰巧词形相同，没有任何意思上的联系，二者是同形词。

（4）同义词和反义词。同义、反义的概念不难理解，关键是遇到具体词时能不能分辨、运用。同义词分两类：等义词和近义词。等义词如"祖母—奶奶，自行车—脚踏车，青霉素—盘尼西林，小儿麻痹症—脊髓灰质炎"等，意思、词性完全相同。近义词情况复杂一些，意思相近，但词性、色彩、风格不一定相同。反义词是按照语言习惯，而不是按照逻辑内涵划分的。像"黑—白，天—地，手—脚，春天—秋天"等在内涵上并不是相反的，但人们说话时习惯两方对举，所以它们都被视作反义词。

2. 难点分析

多音节单纯词的判断往往需要多方面，尤其是语言方面的素养。例如，"拖拉机"是由两个语素"拖拉"和"机"构成的复合词，也就是说"拖拉"是一个语素。这是从词源上看的，因为"拖拉"是从俄语音译过来的。音译的成分不管多长，都是一个语素。但一般人对词语的来源知之甚少，会把"拖"和"拉"理解为各有其义的两个语素，从而把"拖拉机"分析成三个语素。"俱乐部"也存在类似情况。英语club 的音译就是"俱乐部"，是一个语素，不过翻译得比较巧妙：大家一起欢乐的地方（俱—全都，乐—欢乐，部—地方）。汉语中"俱、乐、部"三字都是语素，所以容易让人误断。

第四节　合成词的构造

基本概念和要点：复合词的五种基本形式、派生词的两种类型。

本节内容难度不大，省略。

第五节　词的意义

1. 基本概念和要点

（1）词汇意义（词义）。词汇意义是人脑对客观事物的概括反映,包括概念意义和附属意义。概念义反映的是客观事物和现象一般的、本质的特征;附属义是附着于概念义的感情色彩、语体色彩和形象色彩。

（2）语法意义。语言成分之间的关系意义就是语法意义。如助词"的、地"等和主谓、偏正等各种结构表达的就是关系义。

（3）词义的类型。词义包括概念义（理性义）和附属义两种。客观事物和现象各不相同,所以概念义是千差万别的。附属义是表示对事物的评价、形象或表示语体,所以可以整齐划一,便于归类。附属义包括感情色彩、语体色彩和形象色彩。感情色彩就是褒贬义,像"伟大、雄壮、谦虚、渺小、傲慢、臃肿"等,但"好、坏"等不在此列。语体色彩指词语所适用的语体范围。如"踟蹰、窈窕"等适用于书面语体,它们具有书面语色彩;"猴急、溜达"等则具有口语色彩。形象色彩指包含于词语中的形象感,如"鹅卵石、玉带桥"等就包含鹅蛋、玉带等形象。

（4）词义的特点。词义具有客观性、主观性、概括性、民族性、模糊性的特点（具体例子见教材）

2. 难点分析

词义具有客观性,一般说来容易理解。如"风雨雷电""红花绿柳"等客观物质世界存在的事物、现象经概括、提炼,其内涵必然具有客观属性,因为它们是人脑的主观活动作用于客观事物的结果。但像"神、鬼、阎王、天国"这类词的意义有什么客观性可言呢？其实这类词义同样具有客观属性。以"鬼"为例,即使它是三头六臂、青面獠牙,它也必有客观依据。三头六臂的怪物世界上没有,但"头、臂"等物和"三、六"等数是有的;"三头六臂"无非是人们对客观事物、现象进行了扭曲的组合,做出了错误的认识而已。

第三章　语法

基本内容:语法概说、语法单位、词的语法分类、短语类型和单句。

第一节　语法概说

1. 基本概念和要点

（1）语法。语法简单地说就是组词造句的规则,或者说是人们使用语言时遵循的规则。语法包括词法和句法。词法是词的构成和变化的规则;句法是词组和句子构造的规则。例如,"跑、跳、讨论、研究"等动词可以重叠,说成"跑跑、讨论讨论"等;"我们打篮球"是主谓句,"打篮球"是动宾结构,主语在前,谓语在后等就是在讲句法。

（2）语法的性质。语法具有抽象性、稳固性和民族性。抽象性简单说就是看不见、摸不着。看不见是因为语言规则是从无数语言事实中归纳概括出来的,是储存在人脑中的;稳固性是指语言规则不会像词汇那样需要随着客观外界的变化而随时发生改变。人们今天说"孩子看电影",明天说"老师留作业",后天说"校长论教育",所用词语都不相同,但使用的规则是一样的,都是主—谓—宾。这是稳固性的一种体现。民族性是指不同民族语言的规则各有特点,如前文说到的汉语"意合"的特点主要涉及语法的民族性。

2. 难点分析

语法不是语言学家主观臆造、人为规定的,而是每天都在支配人们说话的规则,是客观存在的。客观存在的语言法则只有一个,但由于主客观条件的制约,所以不同的语言学家对语法的认识有差异,归纳出的规则也就有所不同,就是不同的语法体系。语法体系是研究的结果,而语法系统是客观存在的自然结构。前者是对后者的描述和解释,可能对,也可能不对。

第二节 语法单位（略）

第三节 词的语法分类

1. 基本概念和要点

（1）语法单位。语法单位包括三级。语素是第一级,词和词组是第二级,句子是第三级。

（2）词类的划分标准。对词进行分类的目的不同,标准也就不一样。词的语法分类只考虑它的词法和句法特征而不考虑意义。是不是同一类词是根据有没有相同的形式特征,而不是根据意义。

（3）词的兼类现象。一个词担任两类或更多的功能时,就是兼类词。汉语中兼类词不是太多,但用途很广,尤其是在文学作品中。判断一个词是否兼类要看其固定功能而不是临时功能。例如,"热情"是兼类词（名词、形容词）,"阳光"只是名词。因为"热情"可以充当主语、宾语、定语、谓语,可以受程度副词"很、非常"等修饰;而"阳光"能充当主语、宾语,几乎不做定语,不能做谓语,不能受程度副词的修饰,所以它只是个名词。

2. 难点解析

判断兼类词要根据词的固定功能而不是临时功能。例如,上文提到的"阳光"一词,说它不是兼类词,就会有人举出"这位歌手很阳光"之类来证明它可以受程度副词修饰,所以也应该是兼类词。但"很阳光"显然是出于修辞的需要而临时组合的,"阳光"的固定功能并没有因此而改变。当然,语言是无时无刻不在变化的,若干年后,"阳光"也可能成为兼类词,但现在不是。

第四节　短语类型

基本概念和要点:短语的基本类型和其他类型。

本节内容比较简单,请参看教材。

第五节　单句

1. 基本概念和要点

(1)句子的结构类型。句子是相对完整的交际单位。按句子结构特征,可以把单句划分为主谓句和非主谓句。主谓句是主谓语部分俱全的句子,结构不完整则为非主谓句。在日常交际中,非主谓句和主谓句一样常见。

(2)句子的四种语气类型。句子按照语气可以划分为四种类型:陈述句、疑问句、祈使句、感叹句。按语气划分实质上就是按表达功能划分。

2. 难点分析

句与非句的界限不是看结构是否完整,而是看有无句调(语调)。在书面上,句调用标点符号表示。交际过程中,一个词、一个词组带上句调都能成为句子。具体语境中常见这样的例子:"飞机!""起风了。"电影、话剧剧本中也常有这样的话:"一个漆黑的夜晚。""黄浦江边。"这四个例子都是句子,因为它们都有句调。

第四章　汉字

基本内容:文字概说、汉字的性质和特点、汉字的形体和构造、汉字的标准化和规范化。

第一节　文字概说

基本概念和要点:文字的性质和作用、文字的三要素、表意文字和表音文字。

本节内容不难,请参看教材。

第二节　汉字的性质和作用

1. 基本概念和要点:汉字的性质、汉字的特点。

(1)汉字的性质。汉字是表意系统的文字。汉字和表音文字的最大区别就在于它没有专门用于表示读音的符号。汉字每个书写符号都记录一个语素。

(2)汉字的特点。汉字是一种古老的书写符号系统,它有六个特点:①和汉语基本相适应。②是形音义的有机统一体。③具有较高程度的超时空性。④字数繁多,文字结构复杂,缺少系统而完备的表音符号。⑤用于机械处理和信息处理难度较大。⑥不便于国际文化交流。以上特点,前三个是优点,后三个是缺点。

2. 难点分析

汉字是表意系统的文字,但有人不赞同这个定性,理由是:汉字有大量的形声字,形声字的声符就是表音符号。这个理由似是而非,站不住脚。首先,汉字形声字的声符最初也是表意符号,而不是专门设计来表音的。其次,能够成为声符的字太多,杂乱无章、不成系统。再次,形声字的声符绝大多数都不能准确表音。由此三点可知,汉字和表音文字风马牛不相及。

第三节　汉字的形体和构造

基本概念和要点:不同阶段汉字的形体、汉字的构造。

本节内容不难,请参看教材。

第四节　汉字和汉文化

第五节　现代汉字

这两节内容较简单,请参看教材。

第六节　汉字的标准化、规范化

基本概念和要点

1. 汉字简化的基本内容

汉字简化主要是两方面的工作:①减少笔画;②减少字数。

2. 汉字标准化的内容

标准化的主要内容是“四定”,即给汉字定量、定形、定音、定序。汉字见于文献的不同形体共有八万多个,而一般人在日常生活中掌握两三千字就基本够用了。定量即确定现代汉语用字的总量,同时确定通用字和常用字的数量;定形指确定现代汉字的标准字形,避免同一个字笔顺、笔画、结构不同的情形;定音就是确定汉字的标准读音,规范异读字和多音字;定序则是确定现代汉语用字的排列顺序,确定标准检字法。

第五章　语言的运用

基本内容:修辞原则、常见语病、歧义结构、网络用语。

第一节　修辞

基本概念和要点:语音修辞、语汇修辞、语法修辞。

本节内容简明易懂,请参看教材。

第二节　常见语病

本节内容不难,请参看教材。但要注意与第一节的“句子不当举隅”部分结合起来看。要时时留意"约定俗成"的原则,不要把"她的眉毛像姑姑""今年的产量比去年高"一类当作病句。语言毕竟不是逻辑,对一些人们习以为常的说法,如"未婚夫""未婚妻""恢复疲劳""报刊杂志"一类应承认其"合法"性,不要吹毛求疵,否则很容易使自己囿于病句的枷锁而墨守成规。

第三节 歧义现象

基本概念和要点:歧义产生的原因。

本节内容不难,请参看教材。注意歧义产生是由于语言结构自身(语音、词汇、语法)的原因,还是语用的原因。

第四节 网络语言

基本概念和要点:网络用语及其构成方式、网络用语的特点、网络用语的使用原则。

网络用语因为不是大众的交际方式,也不具有自己的语音系统和语法规范,这里不加讨论。基本概念和要点请参看教材。

哲学家治疗疾病的故事

首都经济贸易大学文化与传播学院　　何　磊

两张处方

在故事开始之前,请将目光转向两张"处方",开具处方的"主任医师"名叫赛内卡,是晚期斯多亚学派最著名的哲学家之一。

患者	鲍里努斯(Paulinus)
症候	因恐惧生命短促而惶惶不可终日
诊断	因认知局限所致的杞人忧天综合征
处方	研习斯多亚学派时间现象学, 每日 2 次(早晚各一次),每次 30 分钟

患者	波里比乌斯(Polybius)
症候	因兄弟亡故引致郁积
诊断	轻度抑郁
处方	由现世价值出发,全面考量自己的处境, 辅以研习斯多亚学派节制哲学,以理性平衡情感

一、哲学治疗[①]

不断扩张的帝国,融合中的民族,风云诡谲的政治,无常的人生……这些描述共同属于哲学家赛内卡"给定"的世界。从各个方面进行综合的考察,这个世界与今天我们面对的世界是极为相似的。在其中,人们异常忙碌:知识已不再重要、真

---

① 本文由赛内卡的六个文本出发,即所谓"治疗三联篇"的《论生命的短促》《论心灵的宁静》《论闲暇》,以及三封分别致玛西娅、波里比乌斯及赛内卡母亲赫尔维亚的"告慰书"(consolation)。

理更无关紧要,没有人知道对错应如何判定①。

对于知识重要性的丧失以及真理的阙如,哲人无能为力。强理性保证真理的时代早已落幕,再没有人愿以成为"哲学王"为己任。这种尴尬,对于向来标榜爱智慧、爱真理的"哲学家"来说,不啻为天大的打击。因此,在标准的哲学家看来,一定是这世界出了问题——它病了。我们在赛内卡——他不仅是标准的哲学家,还是标准哲学家(即所谓"官方哲学家")——的治疗哲学中看到的,也正是这样一个疾病症候频现②的世界。

尽管无法成为"哲学王",但至少可以做一个称职的哲学"医师",从而以自己的方式对此世有所作为。我们在"治疗三联篇"以及"告慰三联篇"中看到的,正是以这种身份出现的哲学医师赛内卡。

以《论生命的短促》为例。这是一篇治疗恐惧症——具体说来,是对生命短暂的恐惧症——的文章。其开篇即驳斥:并非生命短暂,而是常人皆处于"非本真状态"③。进而,对生命进行时间现象学分析:时间分为过去、当下及未来,处于非本真状态的人忽略过去、无法把捉当下并贪婪奢求未来。而选择合适的、"哲学"的生存方式,才是将可朽性提升至不朽的唯一途径。一种整体主义的哲学治疗法在此显现:对哲学家(或选择"哲思"生活的人)而言,一切时代(时间)都为其效力——通过追想纳进过去、经由合理使用把捉当下,并以预期方式期待未来。这样,人便可通过把所有时间结合成为整体的方式,使得生命超越有朽而延长。

《论心灵的宁静》紧接着《论生命的短促》对庸碌人生症候的时间现象学分析,指出心灵宁静的最大敌人乃是不自制的易变性以及随之而来的痛苦。最重要的是,这两者都是身外之物所致。因而心灵必须从外部利益中撤出,回到心灵自身,方能达致宁静,以及"闲暇",即静观、思辨的"哲思"生活。

斯多亚学派继承了其道统苏格拉底(柏拉图)拒斥"诗人"通过幻想与幻象蛊惑人心的传统。而从某种意义上来说,这不失为积极的治学态度:作为一个致力于"治疗"的哲学学派,斯多亚主义者不创作任何虚幻的补偿意像(compensatory image),而是条分缕析地揭露我们本可避免的愚蠢,进而开出治疗的良方。

---

①　托克维尔在《论美国的民主》中所反思的法国社会,亦与我等今日所面对的世界极为相像:良心投射在人们行为上的光只是黯淡的,一切事情,不管是荣辱还是真伪,好像都无所谓可与不可了。见托克维尔.论美国的民主[M].北京:商务印书馆,1989:15.

②　种种为"时代疾病"所扰的症候:以贪婪、愠怒、悲伤为代表的不节制及不感恩。

③　并非寿命短,而是浪费时间多。对于能够合理安排人生的人而言,一生已足够;将宝贵时间浪费于无意义的声色犬马,而在迟暮之年才准备真正生活,乃是对人类可朽本性的极大健忘;浪费自己的时间,不啻于慢性自杀,即使寿命长也仅是"存活"时间长而已,生命对他而言仍然短暂。

　　但我们也注意到斯多亚哲学对于柏拉图二分世界的继承,尽管在此,柏拉图"现象世界"与"理式世界"的二分为斯多亚派的"两个王国"①所取代:一个是"巨大的、真正的共同国度",神与人共在;一个是偶然降生于其中的充满各种疾病症候的国度。前者才符合"自然",即本性与逻各斯。只有通过"闲暇"的哲思生活,人们才能认识逻各斯,进而顺应之而健康地生活。

　　这种由此岸向彼岸的超越治疗,在赛内卡的三篇"告慰书"中得到了更好的体现,由于是治疗真正悲痛(而非只是处于"非本真状态"而顾影自怜)的人,告慰书自然多了几分超越的意味,尺度更为宏大。

　　如《致玛西娅的告慰书》一篇,便以超然的语调分析死亡,甚至与庄玄颇有几分神似——死亡作为最终永恒的安宁,超越了有限的对待②。《致母亲赫尔维亚的告慰书》不是告慰对死亡的悲伤,而是安慰自己母亲对于亲子被流放的悲伤。除了与一般形式无异的告慰之外,还打通了"告慰"与哲学治疗的联系:流放并非真正的痛苦,与神性契合的,不为处境改变的宁静心灵才是真正的问题所在。在远离世事的地方,反而可以潜心享用这等"闲暇",进行本真的哲思生活。

　　概言之,赛内卡的治疗术可以概括为一种基于特定世界观的哲学自信:一种坚信可由对"自然"(本性)的正确认识而告别疾病症候,通达正确的、健康的生活自信。更为重要的是,赛内卡认为,我们接受自然赋予的存在,乃是为了两个目的:沉思与行动。基于对自然认识基础上的符合逻各斯的"行动",才是最终由"非本真"返归"本真"的途径,才是疾病的真正"治愈"。这样,斯多亚的哲学便由治疗个人的本体性疾病,最终导向对人类共同体的关切③,显现出其挥之不去的政治哲学底色。

---

　　①　必定是基督教神哲学"上帝之城"与"凡俗之城"二分的前奏。韦伯在《世界宗教的经济原理》导论中分析了感召权威的产生过程:巫术禁欲—(救赎)→祭师——神秘论者——先知—(理性主义影响)→灵魂的治疗师与救助者—(困顿的外在境遇)→救世主(弥赛亚、基督……)。这也可以解释,为何斯多亚主义成为基督教神学的理论来源:周而复始的困顿;理性主义;苦、难、恶、病……这些共同构成这种世界观的前提。马克斯·韦伯. 儒教与道教[M]. 北京:商务印书馆,1995:11.

　　②　死亡也可能具有相对的"益处",或可为人类带来相对的"福祉";而且,适时的死亡,不失为一种幸运,可能使人免于遭受更多的干扰。对观庄子哲学中频频出现的如"支离疏""啮缺"之徒,之所以尽享天年,其个体本身的缺陷("无用")便是最大的原因。而死亡,正是最大最终极的"无用"。

　　运用一种宏大的尺度来看待死亡与夭寿之分,既然宇宙都有"大限",那么再长的寿命跟宇宙相比都是可怜的、有限的。

　　最终的超越打通了现世与彼岸,往生者乃是进入了最高的极乐世界。

　　③　《论生命的短促》中即有对"独处"(静观闲暇)与"群居"(社会政治)辩证关系的精辟描述。

治疗背后

《致母亲赫尔维亚的告慰书》最后一段对于"本真生活"的描述是令人神往的：

穿越了这低层的空间，我的心灵将直冲云霄，在那里它将享有神性事物的最壮丽的景观；而在意识到其自身的不朽之后，它将继续前行，直至亘古永恒的一切事物。

这是古典的赞美诗①。赛内卡对自己医术的自信在此达到了顶峰，跟随着他的思路，我们似乎真的忘却了俗世的烦扰，达到了思的彼岸。

但是，赛内卡的哲学治疗是否真的奏效？是个值得玩味的问题。因为，在这种哲学的指导下，世界一如既往的不宁静，甚至于连他本人也没有能够真正践行自己节制、隐忍、信仰与神共在的斯多亚哲学，而是一如既往地介入权力场，如一叶扁舟在宦海中浮沉。

有理由据此怀疑，赛内卡根本无意从根本上去"治愈"什么疾病。或许，这种"治疗哲学"无非是，通过一次次的"症候显现—诊断—治疗—忘却（有意？无意？）—症候再现—再治疗……"的循环交替过程，实现疾病症候与治疗话语的双重生产：伴随一次次表面的"治愈"，一次次的再忘却又为下一次的"治疗"进行了合理的铺垫，最终亦实现了其所属的斯多亚派哲学话语权威的再生产。

我们在此可发现这种治疗哲学与当代快餐文化的同构性：无意解决、疏导任何问题，而只是进行欲擒故纵的文化再生产游戏，其背后则隐藏着更为深刻吊诡的目的。以"时尚"为例，一波波的流行文化并无意创造出经典永恒的文化遗产，而只是通过消费品的生产与再生产，利用与重复利用，实现资本增值的深层目的。

返归正题，以世俗眼光观照本文的主人公，我们看到，在反复的出世入世（至少在文字上）之间，作为哲学家的赛内卡成全了作为政客的赛内卡（亦即，实现了斯多亚派根底上入世的政治诉求）。而主动介入权力的后果，则是不可避免地"为权力撕得粉碎"，这正为其人命运所印证。

两种理解

在实用主义（可能有些扭曲）立场下，依照"古为今用"的准则，我们不妨对这样的哲学治疗法进行同情的理解。毕竟，根据整体主义（斯多亚、黑格尔）观点，真理乃是全部，一种健全的哲思必须对过去心、现在心及未来心进行全面的考察。

---

① 让人想起基督教的赞美诗。我曾聆听过教徒清唱的《仰望天家歌》（新编赞美诗，第373首。仰望我家乡在那边，光明河生命树永不迁。在那边众圣徒大欢喜，永远穿上洁白衣。在那边，在那边，仰望我家乡在那边……），并因教徒的虔诚与诗中所述彼岸的超脱而深深为之动容。

基于这样的想法,这种考察甚至可以达到与斯多亚哲学——罗马官方哲学——的和解。毕竟每个人都有过对生存的疑问,都曾经历或不可避免将要经历亲友挚爱的逝去,所以浅显的哲学治疗总会适时地引起脆弱心灵的共鸣。

但很不幸的,对"后现代"生存境遇中的人来说,对治疗哲学的反应——套用罗蒂的语调①——该不会是"啊,我们得救(被治愈)了",恐怕只会是"赛内卡究竟以为自己是什么人?"

于是,进一步的反思将人拉近真实:

有什么理由断定,这个世界"病了"?既然"病"跟"和谐"一样,在政治哲学的论述中更接近于价值赋予而非事实陈述。哲学家赛内卡的反思,即使是深刻的,也只能导向一种对人性幽暗面的清醒认识而已,仅止步于"幽暗意识"并无助于对此世有所作为。况且,给此世贴上"病"与"恶"的标签,然后再介入这"病"与"恶"的复制,难道不是一种哲学式的顾影自怜?更为可怖的是,如果医师的诊断认为,死亡是重新获得贞洁的唯一途径,我们是否需要听从这样的诊断呢②?

或许,"治疗"的思维,从根本上说就存在着悖论。哲学并不能为任何问题提供一劳永逸的解决与终极答案,哲学为解惑服务,是对误入歧途的初级反省的"治疗"③。但把哲学家当作医生,仿佛仍对"哲学王"念念不忘,故亦言过其实而未脱"拯救"思维的窠臼。这种想法将哲学反思当作获得真理的途径,并进一步企图以此"拯救"或"治疗"世界。从某种角度上说,"拯救"与"治疗"才是最大的补偿意象。因此,就像我们在所有哲学智术师那里看到的一样,技术性的问题取代了向生疏世界敞开的诚恳态度。而正是后者,促使我们直面生活。

生活毕竟是"活"出来的,心口不一的哲学治疗,可否称其为哲学慰安?或者,含蓄地仅称其为抗生素,可能一时疗效显著,但毕竟于身体无益。对这种思想自负或思想自渎的不信任,一如对官方权威学说或商业快餐文化的不信任一样,总是近乎本能地由内心发出而无法抑止。

---

① 罗蒂. 后哲学文化[M]. 黄勇,译. 上海:上海译文出版社,2004:89.

② 赛内卡的哲学治疗即使是首先针对自己的,但一经发表,便不可避免地具有了"公共"的性质,况且不能忘记,他的学说可是准官方话语。孟德斯鸠在《罗马盛衰原因论》中提到,斯多亚学派的传播是自杀在罗马人中间极为普遍的原因之一。孟德斯鸠. 罗马盛衰原因论[M]. 北京:商务印书馆,1962:67.

③ 维特根斯坦意义上的治疗。参见:陈嘉映. 语言哲学[M]. 北京:北京大学出版社,2006:189.